# As armadilhas da moda

Arlindo *Grund*

# As armadilhas da moda

—

APRENDA A EVITÁ-LAS PARA TER O
**LOOK PERFEITO** EM QUALQUER SITUAÇÃO

# Sumário

---

QUANDO FALO DE ARMADILHA, FALO DO QUÊ? — 11
A MODA A NOSSO FAVOR! — 13
A MODA ALÉM DA MODA — 15

## 1. DO P AO *PLUS SIZE*

A peça que serve no meu corpo — 19
Mitos e verdades sobre o tamanho das peças — 21
Peças largas — 22
Peças justas — 24
Peças curtas e compridas — 26
*Plus size:* que alegria! — 28

## 2. MINHAS CORES, MEU GUARDA-ROUPA

Com que cor eu vou? — 35
O preto (nada) básico — 36
Cinza, que tristeza, que nada! — 39
Branco: é Réveillon? — 40
Meu mundo cor-de-rosa — 42
Amarelo como o sol — 46

## 3. COMBINAÇÕES: QUANDO, ONDE, COMO?
    Combina com…      53

## 4. VÍTIMA DA MODA
    A moda na nossa vida      65
    Moda à risca      66
    Tendência: amo, quero, sou      69
    Liquidação para quem?      69
    O vendedor deve sempre falar a verdade      70
    Peças datadas      71
    Tribo: não abro mão da minha      76
    Cabelo, cabeleira      76

## 5. SENSUALIDADE, PARA QUE TE QUERO?
    Sexy sem ser vulgar: é possível?      81
    Ninguém te segura!      85
    Tomara que caia não fica bom em ninguém?      85
    Decotes V, U, quadrado, careca, profundo…      86
    Tule      88
    Transparências: quando?      89

## 6. *UNDERWEAR, EVERYWHERE!*
    A lingerie: tira, põe!      95
    Experimente tudo!      96

| | |
|---|---|
| Peças brancas e transparentes | 96 |
| P, M, G ou GG? | 99 |
| Cuide de mim! | 100 |
| De biquíni ou de maiô? | 100 |
| Pós-praia | 103 |

## 7. CALÇA, SAIA OU VESTIDO?

| | |
|---|---|
| Tudo mudou! | 109 |
| Calças | 110 |
| Cintura baixa | 111 |
| Cintura média, cintura alta | 112 |
| Curvas, quero mostrar! | 113 |
| Quadril largo, perde e ganha peso, baixinhas e magrinhas | 114 |
| Calças montaria, *boyfriend*, *flare*, *cigarrete*, *pantacourt* | 116 |
| Jeans é jeans, mas nem sempre! | 122 |
| Saias e vestidos | 123 |
| Saias curtas ou compridas? | 125 |
| Saias lápis, vestidos justos | 131 |
| Saias rodadas e com volumes | 131 |
| Brasil, o país do minitudo! | 133 |

## 8. COMPRAR, COMPRAR, COMPRAR!

| | |
|---|---|
| Falsificação para quem? | 140 |
| Estações do ano cada vez mais rápidas | 143 |
| Liquidação: quero tudo! | 144 |

| | |
|---|---|
| Cuidado com o falso vendedor | 145 |
| *Digital influencers* e famosos | 146 |
| Qual é o prazo de validade das minhas roupas? | 146 |
| Lojas de departamento: moda para todos | 151 |
| Menos é mais! | 152 |

## 9. VESTIR-SE BEM NA VIDA REAL

| | |
|---|---|
| Eu queria ter uma equipe cuidando de mim! | 157 |
| Adequando seu estilo à rotina | 158 |
| Casamentos e festas | 165 |
| *Nail art* para quê? | 169 |
| Acessórios | 170 |
| A onda do conforto | 176 |
| Estou em uma armadilha | 178 |

## 10. VOCÊ É LINDA!

| | |
|---|---|
| Pare de se detonar | 183 |
| Fazendo as pazes com o espelho | 184 |
| A maior armadilha é você! | 185 |

| | |
|---|---|
| CRÉDITOS DOS LOOKS | 187 |
| BIBLIOGRAFIA CONSULTADA | 188 |

Mais um projeto que se concretiza, fruto de muita organização e empenho. Dedico esse livro a minha equipe que faz de tudo para que minhas ideias, às vezes malucas, se realizem. Obrigado Fábio Paiva, Gabi Montagner, Rafaela Piovezani, Murilo Mahler, Allan Louros. Vocês são demais!

Agradeço também a minha linda família por sempre estar ao meu lado. Ao meu pai, Afrânio, e a minha mãe, Elizabeth, ao meu irmão, Romero, e a minha cunhada, Andrea, aos meus sobrinhos e príncipes da família, Arthur e Romero, a minha tia, Bia Lopes, ao meu tio, Edgard Grund, e as minhas duas lindas avós, mesmo que só no coração e na saudade, Regina Grund e Dulce "Duda" Lopes.

Uma menção especial a todas as participantes do *Esquadrão da moda* que contribuíram para a mudança do meu olhar em relação à moda. E claro, a minha companheira de trabalho e amada Isabella Fiorentino.

# QUANDO FALO DE ARMADILHA, FALO DO QUÊ?

―

Antes de começar o livro, vamos tentar entender o que é uma armadilha. Como conseguimos não cair em armadilhas em nossas vidas?

Vamos fazer uma analogia com a floresta: imagine que você se preparou para um passeio no meio de uma selva e decide fazê-lo sozinha – ou acompanhada por outras pessoas que também não conhecem o lugar para onde estão indo. Imagine ainda que essa floresta não esteja na área urbana de uma cidade e que seja totalmente selvagem. O que podemos encontrar em um lugar assim? Inúmeras armadilhas. Das mais cruéis e perigosas às inofensivas, porém dolorosas. O que, então, é uma armadilha? Em uma floresta, é ser atacada por animais selvagens, cair em buracos profundos, perder-se no meio de uma trilha, ser picada por insetos, ficar sem alimento e sem água... Tudo pode acontecer em um lugar como esse.

E como podemos escapar dessas armadilhas? Para mim, a resposta é **INFORMAÇÃO**! Afinal, nada melhor do que o conhecimento para evitar o erro, o nocaute do desconhecido.

O mesmo vale para a moda.

São informações simples do nosso cotidiano, as quais, muitas vezes, deixamos passar despercebidas, como olhar-se no espelho de corpo inteiro, de frente, de costas. Olhar-se de verdade. Isso não quer dizer que você precise passar horas olhando para o espelho, analisando tudo em detalhes. Não...

Como já falei no meu primeiro livro, *Nada para vestir*, no qual explico a maneira correta de analisarmos o nosso corpo, trata-se exatamente de **VOCÊ OLHAR PARA VOCÊ**, mas sempre tentando entender se existe alguma coisa que esteja destoando, que não bata com a sua personalidade, que não harmonize com o seu estilo, ou até que você ache que sim, mas não tem informação suficiente para dizer se aquilo é bom ou ruim para você.

Assim, para não cairmos nas armadilhas da moda, podemos entender esse processo **ESPELHO *VERSUS* VOCÊ MESMA** como um tratamento (mas não um tratamento médico), cujo caminho é cheio de informações. Por que isso, Arlindo? Bom, esse caminho deve ser percorrido seguindo a linha do que faríamos se estivéssemos na selva – a história inicial –, na qual deveríamos fazer uma verdadeira colheita daquilo que é interessante para nós e do que não é. E, mais uma vez, procurando ter a moda como uma aliada, uma amiga, como eu também já mencionei no *Nada para vestir*.

As armadilhas da moda, então, se referem à falta de informação ou aos equívocos que cometemos ao longo da nossa vida quando nos vestimos e nos mostramos para o mundo. Esqueça *certo* e *errado*: não existem esses termos na moda, e sim armadilhas. E o que pode ser uma arapuca para você, pode ser um trampolim para o outro. Coisas da vida.

Até porque o que é errado para uma pessoa não é errado para outra. Eu sei que somos todos iguais, mas não para a moda; cada um tem seu tipo de corpo, cada um tem sua personalidade, cada um tem seu gosto. Precisamos, sim, nos diferenciar. Precisamos, sim, determinar quais são as nossas referências para não virarmos uma cópia do outro e, principalmente, sabermos que somos únicos. Quando você tem consciência disso, você consegue criar seu próprio estilo. Por isso que tanta gente se destaca no meio da multidão quando aparece com uma roupa que não chega a ser diferenciada – pode ser um jeans e uma camiseta –, mas que, às vezes, deixa a pessoa com tanta segurança que isso transcende, exala pelos poros e afirma que ela está muito segura.

### A MODA A NOSSO FAVOR!

Não existe moda errada, ou melhor, não existe erro na moda. O que existe é o uso inadequado, inapropriado de peças da moda. Por isso optei pelo termo "armadilha", e não "erro", para me referir às inimizades que travamos eventualmente entre o nosso corpo e a moda.

Explicando melhor o que já comecei a falar nos parágrafos anteriores, uma armadilha na moda é não conhecer o próprio corpo e usar a moda contra ele e, com isso, acabar destacando os pontos fracos. Sim, aqueles pontos que mais queremos esconder acabam sendo evidenciados quando não usamos a moda a nosso favor. Da mesma forma, uma armadilha pode se tornar uma aliada se vista de um ponto diferente; ou seja: já que não existe certo e errado, algo que destoou em você em determinado dia ou fase da vida pode cair perfeitamente bem em outro dia ou em outra fase. Para entender melhor, mais uma vez, é preciso conhecer o seu corpo.

## MAS COMO ISSO ACONTECE, ENTÃO, ARLINDO?

Há inúmeras maneiras de usarmos a moda contra nós mesmos. A decisão de vestir uma peça menor ou maior do que o tamanho ideal para o nosso corpo é só nossa e, sendo nossa, é um problema (ou não) também só nosso. É a isso que eu me refiro quando digo que não existe certo e errado na moda. Não sabemos o que é certo ou errado, não existe um conceito preestabelecido; o que existe, sim, é o conceito de conforto e, principalmente, daquilo que valoriza o corpo. É a partir dessa valorização que nos tornamos seguros.

Não estou aqui para julgar ou enquadrar ninguém em um padrão estabelecido por quem quer que seja. O que pretendo com este livro, além de continuar o que já iniciei no *Nada para vestir*, é mostrar a você o quanto a moda faz parte do nosso dia a dia. Vamos, então, entender de uma vez por todas que a moda faz parte da nossa vida, quer a gente queira ou não?

Até mesmo quem diz que não liga para moda, que não se preocupa em segui-la, tem a vida guiada por ela, já que só o fato de afirmar que "não liga para a moda" diz muito sobre a personalidade da pessoa e sobre o quanto a moda atua em sua vida.

Pode parecer que não, mas, quando vamos a uma reunião, queremos mostrar um pouco do nosso estilo. Mesmo que seja uma reunião de trabalho, queremos mostrar um pouco da nossa personalidade. O mesmo acontece quando vamos a um primeiro encontro, quando saímos com as amigas, quando viajamos ou, simplesmente, quando saímos para fazer compras e resolver pendências do dia a dia. A moda nos segue em tudo. Mas como eu posso fazer isso sem errar e cair na mesmice de ser uma cópia de celebridade? Ou sem virar uma vítima da moda? Ou, ainda, sem evidenciar os meus pontos fracos?

É simples, juro!

## A MODA ALÉM DA MODA

Infelizmente – é duro dizer isso –, não somos perfeitos e, pior, não é sempre que temos à disposição uma equipe de produção trabalhando pela nossa imagem. Por isso, a moda além da moda é a nossa maior aliada para salvar a nossa pele das imperfeições.

Truques inteligentes são capazes de esconder todas aquelas características de que não gostamos. É aí que a moda funciona além dela, deixa de ser armadilha e se transforma em aliada. Outro detalhe: pense que aquilo que você não curte em você pode ser exatamente o diferencial para outra pessoa.

Para isso, temos que entender que uma peça de roupa deve atender às particularidades do nosso corpo e com isso quero dizer que nem sempre tudo o que *está na moda, o que aparece na televisão*, se adéqua ao nosso corpo. A partir de agora vamos entender que uma peça pode ser linda, maravilhosa, assinada por um estilista, ser cara, ter uma costura invejável, mas não ser a ideal para a gente, e, aí, é melhor admirá-la no corpo de alguém ou na televisão do que vesti-la. Ficaremos mais felizes e poderemos gastar com outras roupas ideais para o nosso corpo!

**QUER SABER COMO? VENHA COMIGO**

# 1. Do P ao *plus size*

# A PEÇA QUE SERVE
# NO MEU CORPO

---

Qual o tamanho da sua calça? E da sua blusa? Saia? Sapato? Lingerie?

Tá aí uma pergunta difícil de responder: numeração de roupa e calçado.

Se antes havia um padrão nas modelagens entre uma marca e outra, hoje já não é bem isso o que acontece: um P de uma determinada marca pode ser um M de outra. E o que isso significa?

Bom, pode significar muita coisa na nossa vida. Muita mesmo! A começar pelo mais básico: nem tudo é o que parece ou o que está escrito. Ou seja, não é porque seu P mudou para M ou G que você engordou, e vice-versa. Ao contrário, essa variação só diz respeito às opções de compra, de marca, de costura etc. Porém, se você engordou ou emagreceu, a moda também foi feita para você.

Bom senso na hora de escolher uma peça deveria ser a primeira coisa a passar pela nossa cabeça. Deveria, mas, muitas vezes, não é bem isso o que acontece. Afinal, quem nunca passou pela triste situação de comprar uma peça de tamanho menor do que está vestindo porque *dessa vez aquele regime vai dar certo*? E também o contrário, para as mais magrinhas, que compram roupas mais largas para disfarçar a falta de massa… Ou então, quem nunca se sentiu acima do peso porque teve de comprar uma peça com numeração maior – leia-se *diferente* – porque a numeração padrão – ou habitual – não serviu?

### POR QUE O TAMANHO DAS PEÇAS MUDA DE PAÍS PARA PAÍS?

Estatura, quadris e outras medidas mudam conforme o país. Por isso, um casaco 38 na Alemanha é 12 nos Estados Unidos e 40 no Brasil. Mas de onde vieram esses números? Em 1968, a Organização Internacional de Normalização (iso, na sigla em inglês), entidade que coordena padronizações, determinou que as medidas de roupas deveriam ser proporcionais aos biótipos de cada país. Assim, cada lugar usa uma fórmula.

No Brasil, o número da calça feminina é a metade do comprimento do quadril subtraída de 8 (para 96 cm de quadril, o tamanho da calça é 40). Mas isso não significa que existe uma padronização dentro do país.

As fábricas aumentam aleatoriamente a modelagem, por isso é comum o tamanho de um jeans variar de acordo com a marca…

## MITOS E VERDADES SOBRE O TAMANHO DAS PEÇAS

Está em discussão, segundo a Associação Brasileira de Normas Técnicas (ABNT), uma definição dos padrões de medidas para peças femininas e masculinas no Brasil. Segundo informa a organização, pretende-se estabelecer um critério para que todas as peças, independentemente da marca e da costura, tenham sempre o mesmo tamanho em qualquer loja de fabricação brasileira.

Porém, como essa ainda é uma pesquisa em discussão e não saiu do papel, teremos de conviver por um bom tempo com as variações dos tamanhos de uma marca para outra. E é aí que entra o famoso bom senso. Vamos às verdades.

Por que queremos tanto vestir 38? Quem foi que disse que 38 é o padrão? Qual o problema com o 42?

Gostaria muito de ter uma resposta exata e certa para cada uma dessas perguntas. Mas, infelizmente, não as tenho. Não há uma resposta correta para elas.

**VOU, ENTÃO, FALAR DO QUE ENTENDO: ARMADILHA. E O 38 PODE SER A PIOR DELAS.**

O 38 não é para todo mundo, não é o padrão do mercado. Não é porque ele é referência para um corpo magro que devemos vesti-lo. É muito simples: se uma calça 38 não nos veste confortavelmente bem, ela não é adequada para o nosso corpo; não nos serve e não há problema nenhum em pedir o 40 ou o 42, 44, 46...

Se o problema é a etiqueta, a solução é mais fácil do que você pode imaginar: é só comprar a calça do tamanho certo e cortar a etiqueta do número. O seu corpo agradece e a sua mente também fica feliz. Faça!

Uma das piores armadilhas da moda na vida da mulher brasileira é usar a roupa no tamanho errado, na maioria das vezes menor que o habitual.

O mesmo vale, embora em menor escala, para a mulher que usa roupas maiores do que deveria usar. E qual a intenção por trás disso? Disfarçar o que ela considera ser o seu maior ponto fraco: a magreza excessiva.

Mas atenção: tanto no primeiro caso quanto no segundo, não há nada que evidencie mais os seus pontos fracos que o tamanho errado das roupas. Maiores ou menores, justas ou largas, as roupas que não são ideais ao seu peso, às suas medidas e à sua estrutura corporal destacam tudo o que você quer esconder ou tirar a atenção.

### PEÇAS LARGAS

O primeiro sinal que transparece é o desleixo. Se a aparência é algo com que você se preocupa, peças largas não são as melhores opções para o seu guarda-roupa, uma vez que, inevitavelmente, a primeira impressão que deixam é um ar de descaso com o seu corpo e com a sua própria imagem. Afinal, a roupa é a maneira de mostrar quem você é sem precisar falar nem sequer uma palavra.

Sem nenhum preconceito ou julgamento de valores, as peças largas nos remetem à sensação de conforto, de roupas velhas, aquelas que separamos para usar em casa em um domingo à tarde, no aconchego e na companhia de pessoas de nossa convivência. Por esse motivo, escolher roupas largas, ainda que novas, com o intuito de disfarçar a falta de massa, não é uma alternativa eficiente. Pelo contrário, elas evidenciam a falta de massa e ainda indicam o pouco caso que demonstramos com a nossa aparência e com os compromissos fora de casa. É essa a impressão que você quer passar? Se a resposta for sim, eu sou o primeiro a dizer que você não deve fazer isso, mas, se for não, por favor, leve em consideração essa dica para que a sua roupa larga não se torne uma armadilha.

## QUANDO O EXAGERO É PROPOSITAL

Durante a segunda década dos anos 2000, o estilista Demna Gvasalia foi o responsável por recriar e exportar para o mundo algumas das maiores tendências que marcaram essa época. Em Paris, ele fundou, em meados de 2013, o coletivo Vetements junto com 7 estilistas e, a partir de então, seu olhar, que mistura *streetwear* com alta-costura, conectou-se a um público jovem que imediatamente elevou a moda ao olimpo do capitalismo, chegando ao auge em 2015.

A marca virou sinônimo de hype e de cult. Em suas coleções, observamos estampas com cartazes de filmes, roupas com cara de fardamento, além das modelagens "gigantes", *oversized*, com ombros grandes e mangas extralongas em peças esportivas, como moletons, e em camisas xadrez tipo grunge. Mas o detalhe é que, nessas peças, o exagero é pensado e não um desleixo!

### PEÇAS JUSTAS

Do mesmo modo que as peças largas podem ser uma armadilha, as justas também podem se tornar um problemão na vida e no guarda-roupa de qualquer pessoa. Em geral, a escolha pelas peças mais apertadas tem como objetivo disfarçar as gordurinhas a mais, o peso acima do desejado, ou remetem à sensualidade exagerada. A intenção é boa, mas o resultado não é o esperado.

Para que você entenda melhor, basta imaginar a seguinte situação: quando vamos viajar, queremos levar nossas melhores roupas e, na maioria das vezes, mais de uma opção por dia. No fim, temos mais peças do que a própria mala comporta e, aí, a única solução é fazer a maior ginástica para que a mala feche – sentar em cima, fazer força, tudo para não deixar nada de fora... E pronto: a mala fecha, mas fica parecendo que a qualquer momento o zíper pode arrebentar. Com as nossas roupas, acontece algo parecido e, pior, ainda nos deixa em um desconforto enorme.

Uma peça menor pode, além de marcar o nosso corpo e ressaltar ainda mais o que queremos esconder, dividir a nossa silhueta em várias partes e achatar a nossa estatura, transformando a nossa aparência. Definitivamente, não é algo que fique bonito nem que seja saudável. Essa é uma clássica armadilha da moda que pode detonar a sua saúde.

E não é só a falta de cuidado com a saúde que fica evidente ao usar roupas apertadas – há também o traço vulgar. Não é de surpreender que a sociedade que enxerga as roupas largas como sinal de desleixo veja as roupas justas como sinal de vulgaridade. Infelizmente, quando o quesito é crueldade, a sociedade é infalível, e curvas evidentes demais se relacionam diretamente à vulgarização do corpo, à exposição em excesso do corpo e do desejo sexual.

Por que pensam dessa forma? Não sei responder – e nem concordo –, mas o meu papel é alertá-la para o quão fatal a armadilha da roupa justa pode ser para a sua vida, atrapalhando inclusive suas relações pessoais e profissionais. Vale o alerta!

### OUSADIA PARA QUEM?

A expressão "use o quiser" traz um forte apelo social e, ao mesmo tempo, mostra que o consumidor pode realmente montar e fazer qualquer mistura. A moda também se reinventa e, às vezes, nesse meio do caminho, acaba ficando feia. É comum, por exemplo, que o estranhamento na moda de hoje passe a ser o desejo da moda de amanhã. Eu, muitas vezes, me aproprio do estranho com o objetivo de me testar ou de simplesmente ousar. Isso está no meu DNA.

Porém, acima de tudo, como pessoa, tenho a consciência de que vivo em uma sociedade que ainda impõe algumas normas, inclusive na moda; e, como figura pública, a cobrança fica ainda maior, o que para mim não é problema, uma vez que esses desafios me alimentam. Se você é assim como eu – mesmo não sendo uma figura pública –, siga em frente com suas ousadias: a única certeza que teremos em comum é o julgamento pelo estranhamento ou pela mensagem que nossas roupas passarão.

### PEÇAS CURTAS E COMPRIDAS

Se a roupa justa já causa o maior furor sexual, imagine a curta! Aqui, vale mais o bom senso do que qualquer outra coisa. O comprimento adequado de um short ou de uma saia pode variar conforme o evento e o ambiente. Por exemplo, o short curto é supercondizente com um churrasco à tarde, mas não se pode dizer o mesmo de um ambiente de trabalho. Além disso, o curtíssimo em uma festa de família também pode não pegar bem. A atenção aos ambientes que frequenta pode ser a sua salvação.

Com relação às peças que são originalmente longas, como saias e calças, essas devem ter a barra no lugar certo. Ou seja, nada de ficar com a barra acima do tornozelo, pois, além de não ficar bonito, mais uma vez indicam desleixo e descaso com a aparência e a ocasião. Calça comprida no comprimento certo; do contrário, é armadilha. Respeite o tamanho proposto pelo estilista ou fuja do que você não gosta.

A seguir, falaremos com detalhes sobre cada modelo de saia, calça e short. Existe um modelo que não se adéqua ao seu corpo? Vamos descobrir!

Mais uma vez, repito: na minha concepção, não existe certo e errado na moda.

### COMO FUGIR DAS ARMADILHAS QUE AUMENTAM E ACHATAM A SILHUETA:

**ROUPAS MONOCROMÁTICAS:** se você não quiser parecer ainda mais alta, evite roupas de uma cor só (peças de cima e de baixo), pois deixará seu corpo mais alongado. Assim como vestidos longos e macacões.

**ROUPAS CURTAS:** quanto mais curto seu look, mais alta você ficará. Shorts, saias ou vestidos curtinhos não ficarão bem se o que você procura é diminuir a silhueta. A mulher alta e magra possui pernas longas e mais finas e a roupa curta evidencia ainda mais essas características.

**PERNAS LONGAS:** algumas mulheres possuem as pernas mais compridas que o tronco. Blusas mais compridas com botas ficam ótimas para disfarçar as pernas longas. Criar um look com uma calça mais larguinha, como as de alfaiataria ou pantalonas (caso você goste), é uma ótima opção para mulheres com esse biótipo.

**ROUPAS ESTAMPADAS E LONGAS:** vestidos longos e macacões estampados ficam superelegantes e bonitos para a mulher alta e magra, pois, além de adicionar um volume a mais, deixa o corpo proporcional. No caso do macacão larguinho, pode até ser de uma cor só, pois ele deixa o corpo mais cheinho. Listras na horizontal também são excelentes para dar volume. Mas, o melhor de tudo é que hoje em dia o macacão aparece de modo democrático, com modelagens para vários tipos de corpo e, principalmente, de gosto.

### *PLUS SIZE*: QUE ALEGRIA!

Todos nós que acompanhamos a moda, que vivemos a moda, levantamos as mãos para o céu quando falamos de *plus size*. Afinal, muito mais do que o tamanho das peças, o *plus size* representa a democratização da moda. E nada melhor do que ampliar o leque de opções para quem deseja se vestir da maneira que bem entende, sem ter de sofrer para encontrar uma roupa que lhe agrade.

Até bem pouco tempo atrás, era quase impossível para quem vestisse acima de 48 encontrar uma peça em lojas convencionais. Simplesmente não existia. O homem ou a mulher que estivesse acima do peso não tinha praticamente nenhuma opção de compra que lhes agradasse. Viviam quase à margem da sociedade quando o assunto era moda porque não se encaixavam nela.

Justiça seja feita, o segmento *plus size* conseguiu quebrar os paradigmas e romper com todos os preconceitos que o rodeia. Hoje, ocupa um espaço importante no mercado da moda, o que lhe garante cada vez mais peças dentro do que se convencionou chamar de *estar na moda*. Como é difícil pensar em setorizar a moda, visto que ela se propõe a ser democrática. Que a moda seja para todos, com possibilidades de escolhas, pois assim cada pessoa poderá fazer a sua.

*A Gabriela Montagner, que trabalha com agenciamento artístico, emprestou um pouco de sua história para o nosso livro. Em uma conversa com ela, que por acaso ou não é minha agente, percebi o quanto é difícil para ela, que tem 1,79 m de altura e grandes formas, vestir-se como quer. Muitas vezes, Gabriela se vê envolvida por uma tendência pelo simples fato relacionado à numeração. Como vocês perceberam na composição da produção, ela misturou o* high-low *na moda. Isso significa misturar peças caras com baratas; populares com luxuosas. O que mais ela leva em conta é a numeração. E para não cair na armadilha de que a roupa vai "ceder", só saia da loja com ela se realmente te cair bem.*

## Look 1

*Fale de regras, mas observando bem o espelho. Aqui o que vale é uma autoestima elevada, conhecer seu corpo e procurar aquilo que a moda tem de melhor a te oferecer.*

### DICA DE INVESTIMENTO!

Se você gosta de moda e pretende trabalhar de alguma maneira no setor, uma belíssima opção de investimento é o *plus size*. Segundo o Sebrae, o setor cresce 6% ao ano – em tempos de crise – e atende a um mercado exigente e antenado às tendências!

Hoje, muitos magazines reservam peças de suas coleções para que a grade de numeração chegue a tamanhos maiores. Isso é uma tendência mundial, observada em marcas de luxo e populares. Por exemplo, o estilista francês Jean-Paul Gaultier já colocou na sua passarela mulheres com formas maiores do que os padrões de desfiles de moda pediam. No Brasil, o estilista Alexandre Herchcovitch se uniu a uma marca voltada ao segmento e tem mostrado que quem está acima do peso também pode fazer e ditar moda. Outro exemplo é a marca Laboratório Fantasma, do também rapper Emicida, que quebra regras e coloca corpos fora dos "padrões" em seus desfiles. É a democratização chegando à cena fashion.

Para quem quiser encarar o mundo da moda, vale se aventurar pelo *plus size*. As chances de ganhar dinheiro com isso são grandes!

Com a ampliação do mercado *plus size,* fica mais fácil fugir da armadilha da peça que não se encaixa em seu corpo. Nada melhor que uma peça com cortes e modelagem adequados ao seu biótipo para destacar o que você tem de mais bonito e charmoso para oferecer ao mundo. Ah, outro detalhe importante é que se considera *plus size* tamanhos acima do 48. Mas aí vale lembrar de novo a dica dos números: se a etiqueta indicando o seu tamanho a incomoda, corte-a e, acima de tudo, ame-se como você é. É isso o que importa!

# 2. Minhas cores, meu guarda-roupa

# COM QUE COR
# EU VOU?

―

De simples essa pergunta não tem nada. E não estou me referindo às nossas cores preferidas – todos temos ao menos uma –, mas sim às cores de um modo geral, às peças que habitam o seu guarda-roupa. Por isso, antes de prosseguirmos, que tal retomarmos um pouquinho os conceitos de cores que vimos no *Nada para vestir*?

Uma dica infalível: sabe aquele dia que você coloca uma cor e pessoas diferentes, em lugares diferentes, começam a te elogiar? Pronto. Provavelmente, essa é a cor que valoriza a sua fisionomia e suaviza algumas características, como marcas de expressão. Atente-se!

Depois disso, abra o seu guarda-roupa com a seguinte pergunta em mente:

**QUAL É A COR QUE PREDOMINA ENTRE AS MINHAS PEÇAS?**

Olhe tudo, das peças íntimas às calças, saias, camisas, blusas, casacos, camisetas. Veja tudo e tente entender como suas peças estão organizadas. Há o predomínio de alguma cor? Preto, branco e cinza marcam presença? Há estampas? Jeans? Suas peças tendem a ser mais coloridas, vivas, ou os tons pastel roubam a cena? Há alguma cor em especial que você não consegue entender por que está ali?

Use e abuse da sua sinceridade nessa hora, pois essas respostas serão primordiais para que você possa aproveitar melhor o conteúdo a seguir!

### O PRETO (NADA) BÁSICO

Preto é preto, não é, minha gente? Aquele pretinho básico que nunca pode faltar no guarda-roupa de ninguém é sempre uma peça coringa que pode salvar no momento mais desesperador da nossa vida.

Será mesmo? Será que é sempre assim?

Sim. A resposta é sim. O preto pode nos salvar sempre. Mas o fato é que ele também pode se tornar uma armadilha. Muitas pessoas ainda acreditam que o preto emagrece, mas você sabia que, quando usado em uma modelagem que não valoriza o seu corpo, ele pode acrescentar volume onde você não deseja? De acordo com o que a moda pode lhe oferecer, o preto pode ser básico ou não.

Mas há também outras opções de cores que ocupam o mesmo nível que o preto no nosso guarda-roupa. São elas: branco, bege, marrom, cinza e azul-marinho. Assim como o preto, essas cores têm o poder de *salvar a pátria*. Claro que, no caso do branco e do bege, é preciso ter cuidado para adequar a peça à ocasião, ainda mais se for um vestido. Porém, uma blusinha, um casaquinho ou uma calça nesses tons funcionam em inúmeras situações, é só saber escolher e combinar as peças.

# Look 2

**SEXY NA MEDIDA**
*Para não cair na armadilha do sexy exagerado, use o vestido preto, mais justo, com um casaco sobreposto. Essa composição pode ir a um ambiente de trabalho.*

**SANDÁLIA**
*A sandália com cristais imprime sofisticação e traz o tom mais noite à produção.*

Ser amiga do espelho continua sendo fundamental. Nesse caso, se olhou, ficou bom, gostou e está se sentindo bem, vá em frente, não há armadilha nenhuma em vista. Confie em você!

O preto sozinho ou acompanhado por uma destas três cores – branco, bege e marinho – vai muito bem, obrigado! Mas atenção: a ideia não é perder a elegância e pesar no visual, tornando-se séria demais. Se o look é *total black*, invista em uma maquiagem mais sóbria e em acessórios que atenuem a seriedade do preto, ou, até mesmo, em uma peça que surpreenda nos detalhes. O estilista austríaco Helmut Lang consegue desconstruir o clássico sem perder a essência. Por exemplo, um blazer preto pode ganhar ombreiras e pontas de fraque, ser combinado com calça curta ou vestidos mais sensuais; ele pode deixá-la incrível!

## PODE USAR PRETO EM CASAMENTO?

Tradicionalmente, o preto não é uma cor usual em casamentos. Sim, o preto é uma cor que remete a eventos mais sérios e não expressa emoções, mas, a menos que seja uma restrição da noiva, não há problema com o preto em um casamento. Lembre-se de que mais importante que a cor do seu vestido é a escolha do tecido, do modelo, do comprimento, para que você se sinta confortável e adequada ao traje da festa – com exceção da madrinha, que deve obedecer ao cerimonial ou ao desejo da noiva.

***Dica do Arlindo:*** para tirar o ar pesado que uma peça preta possa ter, invista em acessórios que iluminem o visual. O tamanho do acessório vai ser medido pela sua segurança ao usar determinada peça *versus* o seu estilo. Normalmente, dá tudo certo no fim! Agora, se mesmo com o truque do acessório você continuar insegura, minha dica é mudar a escolha da cor para uma que a deixe mais feliz e confiante.

## CINZA, QUE TRISTEZA, QUE NADA!

Não, não há mito nenhum na afirmação de que o cinza remete à tristeza, uma vez que está longe de ser uma cor vibrante e cheia de vida. Mesmo assim, a cor conquistou o gosto de todos nós – dos fashionistas às pessoas que renegam a moda – e não há quem se arrisque a dizer que o cinza não deixa qualquer look charmoso. Além disso, vai com tudo quanto é cor. Fica bem em todo mundo.

Por isso, se você gosta de cinza e quer usá-lo a qualquer custo, liberte-se dessa crença e invista na cor. E para não cair na armadilha de sempre parecer triste ou sério demais, opte pelo cinza mescla, mais claro e menos sério, ou por compor as peças que ficam próximas ao rosto com outros tons mais claros, como o branco. Se você gostar de cores, por que não escolher o amarelo ou o azul-turquesa para quebrar o ar sóbrio do cinza?

Mesmo sabendo que, em algumas culturas, essa cor remete à tristeza ou a temas fúnebres, o cinza é muito presente em nossa vida. Para não ficarmos iguais a uma escultura de pedra, vamos ousar e misturar as cores. Você não precisa radicalizar e partir para os neons. Vá com calma, mas sempre traga uma cor para ficar ao lado do cinza.

Em tempo, o livro *Cinquenta tons de cinza* trouxe essa cor a um patamar diferente, mas, ainda assim, vai demorar para que o cinza remeta à sensualidade.

### BRANCO: É RÉVEILLON?

Aquela velha história de que o branco é a cor do Réveillon já saiu de moda há muito tempo. Ainda bem. Hoje é possível usar e abusar do branco em todas as estações do ano sem medo de ser feliz e de não ficar chique e elegante.

Apesar da democratização dessa cor, todo cuidado é pouco na hora de vestir um look totalmente branco ou eleger uma peça branca. Em primeiro lugar, a cor continua banida em casamentos, afinal, ninguém quer disputar a atenção com a noiva, não é mesmo? Em segundo lugar – tão importante quanto o primeiro –, é que branco é branco e ponto. Nada de sair por aí com peças amareladas pelo tempo porque ficaram no armário, ou sujas, pois aí todo o charme e beleza da cor vão embora.

E, falando em sujeira, o problema do branco com os dias de chuva, além da transparência, é o risco de ficar respingado de lama ou sujeira do chão, por isso não se recomenda que a cor faça parte do seu look em um dia chuvoso.

Use o branco de uma maneira que faça você se sentir bem e segura de si para que ele não vire uma armadilha. A escolha por tecidos mais encorpados também pode deixá-la mais segura. A lingerie, do mesmo modo, é muito importante nesse caso; aliás, em todos! Se for para ela aparecer no branco, que seja bonita e trabalhada. Para disfarçar a peça íntima na roupa branca, aí vão algumas dicas:

- → USE PEÇAS NAS CORES NUDE OU BEGE.
- → PEÇAS SEM COSTURA E CORTADAS A LASER SÃO MELHORES.
- → NADA DE DETALHES, POIS ELES VÃO GRITAR "EU TÔ AQUI!".

Não pense que o look todo branco vai levá-la para a armadilha do Réveillon fora de moda. Basta saber dosar a cor com os acessórios corretos para você ficar chique e bem-vestida. E você sabia que o acessório branco pode dar mais personalidade à produção? O fato aqui é usar um mais fashionista.

### MEU MUNDO COR-DE-ROSA

O rosa é para todo mundo?

Essa é uma pergunta que, entra ano, sai ano, eu não paro de ouvir!

E, olha, sempre tenho o maior cuidado para responder a essa pergunta, uma vez que o rosa conquistou o seu lugar de destaque na moda e não seria justo com a cor que eu a detonasse em toda e qualquer situação.

### VAMOS ENTRA NA MÁQUINA DO TEMPO...

A época? Anos 1930, em Paris. Lá, nós consultaríamos a excêntrica e moderna Elsa Schiaparelli, estilista italiana estabelecida na Cidade Luz. Ela circulava nos melhores salões da sociedade com muita sofisticação. Um de seus amigos, Salvador Dalí, criou junto com ela o famoso chapéu-sapato. E foi ela também a responsável pela criação do rosa-choque – bem diferente do rosa que temos hoje. E vem daí o meu respeito pela cor. À época, o também estilista Yves Saint Laurent disse que a criação da cor era uma provocação.

Costumo explicar que, assim como todas as outras cores vibrantes, é preciso saber usar o rosa a seu favor, compondo uma produção moderna e à altura da sua idade para não cair na armadilha de querer parecer mais nova ou uma criancinha: o risco de você se "fantasiar de boneca" com o rosa é grande.

Para evitar essa armadilha, é preciso que você componha os seus looks com bom senso e saiba escolher as cores que serão combinadas aos tons mais vibrantes – ou ao rosa – para que continue elegante e moderna. Aquelas cores coringas que mencionei no início deste capítulo são ótimas para fazer esse tipo de composição. Só para deixar mais claro: eu amo rosa com cinza, rosa com vermelho, rosa com amarelo e rosa com marrom. Além de tudo, você pode transitar de um ambiente mais formal a um mais descontraído; para isso, escolha uma modelagem que valorize o seu corpo e um tecido adequado ao evento ou ao local para onde você vai.

E, sim, o rosa está em alta e já é possível encontrar tons variados da cor até chegar ao vermelho vibrante. Aí é só escolher o seu preferido – se você gostar de rosa – e saber usá-lo a seu favor.

Então, a resposta para se *o rosa é para todo mundo* é:

---

**SIM, PARA TODOS AQUELES QUE GOSTAM DE ROSA!**

---

## Look 3

**ROSA**
*O rosa mais seco em uma peça clássica pode transitar do trabalho à festa. E já que é para mostrar a que veio, o bordado da calça é todo em rosê.*

**ATENÇÃO**
*ao dourado calmo da clutch.*

**BARRA**
*Nesse caso, a barra da calça cobrindo a sandália vai te dar uma ideia de pernas mais alongadas.*

## FIQUE LONGE DA ARMADILHA DO ROSA

*Dicas do Arlindo:* se é delicada, ouse na peça.

Nada melhor do que uma peça *oversized* para não cair na delicadeza em exagero. Abuse das pantalonas *cropped*, jaquetas *bomber*, camisas longas, sandálias. Moletons, inclusive em peças nas quais o tecido não é comum, como o blazer. Sem falar nos vestidos de festas com decotes profundos ultrachiques.

*Acabe com o romance.*

Rosa também é sexy. E como! É só saber dosá-lo com o look certo para isso. Uma sandália alta de tiras finas rosa também é sensual.

*Rosa como ponto de cor.*

Se você não consegue abandonar o look total preto, mas vive à procura de algo que dê um pouco de luz ao seu guarda-roupa, o rosa pode ser uma boa. E ele pode aparecer tanto em uma peça como em um acessório, a escolha é sua!

*Na dúvida, fique com o rosa-bebê.*

> Se você ainda não conseguiu se render ao look totalmente pink ou não gosta desse tom de rosa, opte pelos tons mais neutros e em poucas peças. Jaquetas, quimonos, camisetas, pantalonas, todas essas peças em tons rosa-bebê se transformam em verdadeiros coringas. Os tons de rosa mais pálidos e secos também são ótimas alternativas para você começar a usar e ousar com essa cor.

## AMARELO COMO O SOL

Você sabia que o amarelo é um dos pigmentos mais antigos da história? E se o assunto aqui é o passado, a cor já aparece entre os povos paleolíticos, posteriormente passando pelo Egito e por Roma antigos, locais onde o amarelo era associado à riqueza. Já na época de Cristo, a cor ganhou um significado herege por estar presente na toga de Judas Iscariotes. Por sua vez, no Renascimento, o amarelo servia para identificar os não cristãos; já no século XX, na Alemanha nazista, o amarelo identificava os judeus.

### MAS O QUE O AMARELO REPRESENTA NA MODA?

A verdade é que, muitas vezes, essa cor é deixada de lado "porque não valoriza a minha pele", "é forte demais e remete à bandeira do Brasil"… Qual é o problema? Precisamos "desencaretar" e começar a trazer a vibração do amarelo para a nossa vida. Em meados de 2009, assisti a uma palestra com uma papisa da tendência, a holandesa Li Edelkoort, e ela falou que o rosa tinha atingido o patamar máximo na moda e que o amarelo estava no mesmo caminho: certa e convicta de suas previsões, tudo se concretizou. Hoje, o amarelo está presente na maioria dos guarda-roupas.

### E COMO NÃO CAIR NA ARMADILHA DO AMARELO?

Como se trata de uma cor solar, ao usá-la a tendência é chamar mais a atenção. Ainda bem que a moda está democrática e nos apresenta desde o amarelo-canário ao tom mais pálido, passando pelo vibrante e pelo "açucarado". Para não cair em armadilha nenhuma, escolha o tom que mais tem a ver com você e comece a montar looks com mistura de cores: amarelo com cinza, preto ou branco também fica lindo.

O amarelo em acessórios pode ficar muito sofisticado, e se você é das mulheres mais cheias de estilo, ouse nos máxi também.

Tudo isso para dizer que, ao usar essa cor, você transmite alegria, mostra que é vibrante e criativa. Então, nada de se intimidar com o amarelo. Trate-o com muita responsabilidade e respeito.

O amarelo é uma cor fantástica porque remete à criatividade. Quem usa esse tom passa um ar extrovertido.

Quem for usar essa cor, melhor procurar o tom com o qual se identifica.

Se você for mais criativa, escolha o amarelo-gema; mais romântica, amarelo-bebê ou pálido; se é vibrante, use o amarelo-ouro.

*Dica do Arlindo:* embora seja uma combinação mais difícil na moda, o marrom fica sensacional com o amarelo.

Invista primeiro nos acessórios, depois vá para as roupas. Seja solar!

# 3. Combinações: quando, onde, como?

# COMBINA COM...

---

Misturar uma cor com outra, cores e estampas, ou estampas com estampas não é tão simples quanto parece. Mas também não posso dizer que há uma regra rígida e inflexível a esse respeito. As cores e as estampas habitam os tecidos e fazem parte da nossa vida e cabe a nós colocarmos uma ao lado da outra ou, simplesmente, optar pelo monocromático. Como então acertar nessa decisão sem cair na armadilha do desconforto ao usar algo que não nos representa?

O que proponho é não manter a ideia fixa de que determinada cor só combina com x outra, ou que preto só fica bom com preto e marinho com marinho. Na hora de se vestir, sempre paute-se pelo bom senso e por aquilo que favoreça a sua autoestima; afinal, uma mistura de cores pode ser muito mais sofisticada.

Agora, há, sim, algumas sugestões que podem facilitar a sua vida e evitar que você caia no ridículo!

### *Listras*

Tá aí uma estampa ou padronagem da qual ninguém enjoa e que nunca, nunca sai de moda. Desde 1917, quando Coco Chanel usou em sua coleção uma camiseta de listras que antes só era usada no uniforme da Marinha francesa, as listras Breton ganharam o mundo. Seja no inverno ou no verão, a queridinha continua firme e forte dominando os nossos looks, sempre os deixando mais estilosos e cheios de charme. E o melhor de tudo é que vale estar na horizontal, na vertical, ser mais fina ou mais larga. Isso sem falar das cores.

O bom é que as listras não precisam ser usadas de uma única maneira; você pode ousar e abusar da sua criatividade na hora de montar o look. A maior vantagem dessa maravilha é que basta uma única peça listrada para que o visual fique estiloso, basta uma calça jeans e uma camiseta listrada para que o look ganhe ares modernos e antenados. As listras transmitem casualidade.

### *Listras engordam ou emagrecem?*

Sim, todos nós podemos e devemos usar aquilo que bem entendemos, mas, como já disse, o meu papel é alertá-la para que não caia nas armadilhas da moda e evite que aquele seu ponto fraco, que você tanto deseja esconder, ganhe destaque porque você pecou na escolha da peça. E listras podem, sim, ser uma armadilha perigosa na hora de compor um look, pois visualmente mudam a forma de sua silhueta.

Com certeza você já deve ter ouvido falar que listras na vertical emagrecem e na horizontal engordam, certo? Não tão certo assim. É bem verdade que listras na vertical dão a impressão de alongamento e de silhueta fina, mas também é mito que todos os tipos de listras na horizontal sempre criam muito volume, ou engordam.

## LISTRAS

*Quem falou que uma produção para o trabalho não pode ser criativa? A ideia aqui foi trazer as listras de maneira mais ousada. A calça reta com cintura mais alta alonga as pernas.*

## TRENCH COAT

*O contraste do* trench coat *com a camiseta traz uma combinação possível no ambiente de trabalho. O mais legal é que os acessórios são clássicos e trazem o "peso" necessário à imagem.*

*Look 4*

*A mistura de textura e estilo resulta numa composição despojada, mas que, ao mesmo tempo, carrega uma forte credibilidade à imagem.*

## ATENÇÃO

*A barra da calça aqui deve ficar a 1,5 cm do chão.*

## AS ARMADILHAS DA MODA

Tudo depende do corte, do tamanho da listra e do corpo da pessoa. Mais uma vez entra aqui o velho papo de você conhecer bem o seu corpo, gostar do espelho e ser amiga da sua imagem. E, no caso das listras, um pouquinho de noção de ótica – ilusão de ótica – também vai colaborar para que as armadilhas fiquem cada vez mais longe de você.

**LISTRAS NA VERTICAL:** fáceis de combinar, "reduzem medida" principalmente quando são p&b. As melhores peças para se usar com esse tipo de estampa são saias, shorts, calças e vestidos mais casuais. Cuidado: se você tiver pernas grossas, opte por uma calça mais larguinha ou por uma saia mídi, pois, do contrário, em vez de "reduzir medida", pode ficar esquisito e criar a sensação de volume. Agora, as listras não devem ter curvas.

**LISTRAS NA HORIZONTAL:** o terror da dúvida! Engordam ou não? Nem sempre, mas podem engordar, sim! Por isso, na hora de escolher uma peça com listras horizontais, o ideal é que você tenha um espelho bem próximo e se sinta bem com a imagem refletida. E, se você tiver aquela barriguinha e quiser usar listras na horizontal, use uma peça sobreposta por jaquetas e coletes; eles retiram a evidência de sua circunferência.

COMBINAÇÕES: QUANDO, ONDE, COMO?

## UMA BREVE PAUSA PARA UM HISTÓRICO SOBRE AS LISTRAS HORIZONTAIS

Em 1850, uma fábrica de tecidos, a Saint James, foi construída no litoral norte da França. Oito anos depois, eles criaram uma camiseta com gola careca como parte do uniforme da Marinha francesa. Essa peça tinha 21 listras, azuis sobre branco, que representavam as 21 vitórias de Napoleão Bonaparte. Como a fábrica se localizava na região conhecida com Bretanha, o nome para essa camiseta passou a ser Breton ou Bretã.

Em 1917, como já falei, Coco Chanel se apropriou dessa peça listrada usada pelos marinheiros no norte da França e a usou com uma calça mais ampla.

### *Poás*

Para os mais íntimos, são as bolinhas. As estampas de bolinhas, assim como as listras, já se tornaram um clássico no guarda-roupa, e entra e sai estação elas continuam lá, deixando o nosso look mais estiloso e moderno.

Do mesmo modo que as queridinhas e favoritas listras, as estampas em poá variam de tamanho e cor e todo mundo pode usar. A fim de ficar longe das armadilhas, resta saber como e quando.

Para fugir do clássico, aposte nas versões míni, máxi, coloridas ou ainda na mistura de formatos. E o melhor: dá para arriscar dos pés à cabeça.

Mais democrático, o novo poá aparece tanto nas saias rodadas quanto em calças, blusas, vestidos, bolsas, óculos, sapatos, brincos e biquínis. Sim, até nas praias eles estão liberados para dar as caras, como já dizia a música que "era um biquíni de bolinhas…".

Uma produção toda com bolas pode deixar você com cara de quem acabou de acordar. Desde que, no mínimo, você escove os dentes, hoje a roupa de dormir pode ir para as ruas se equilibrada com outras mais clássicas. Ousada? Sim!

### *Mix de estampas*

Florais ficam bons com listras? Geométricos e listras? Poás, listras e florais? Abstratos? Estampas com cores diferentes? O que posso? O que devo e o que não posso usar?

## COMBINAÇÕES: QUANDO, ONDE, COMO?

Quando o assunto é estampa, as perguntas são infinitas e, quanto mais paramos para pensar, mais dúvidas aparecem. Aqui entra em cena a sua habilidade em colocar uma peça ao lado de outra e sentir-se bem consigo mesma. É possível acertar logo de cara, mas darei uma mãozinha para garantir que você não caia em uma terrível armadilha e fique parecendo com o sofá ou a cortina da casa da sua avó.

Porém, muitas vezes funciona e é possível misturar tudo. Tudo mesmo, desde que os tons se matizem, isto é, desde que as cores de uma peça não entrem em choque com as cores das outras peças. Para isso, observe com atenção a variedade de cores que compõem as estampas das peças que montam o seu look. Procure permanecer na mesma paleta de cores ou, ao menos, transite entre as paletas que se complementam.

Daí começa a sua evolução com relação às misturas. Como tudo na vida, vá com calma até se sentir bem segura com as misturas e suas possibilidades. Quando isso acontecer, por mais exóticas que estejam as suas produções, você agirá com a naturalidade e a segurança como atestados de sua criatividade.

## A COR DO ANO

A cada fim de ano e início de outro, a Pantone® elege uma cor que predominará no mundo das artes, do design e da moda. Essa cor estará presente em tudo e, naturalmente, você será impulsionado a usar tudo naquela cor. É inevitável, mas não é uma regra.

### COMO A PANTONE ESCOLHE A COR DO ANO?

Claro que eleger uma cor do ano não é um processo simples. A Pantone® (Pantone Color Institute) é a empresa responsável por fazer essa escolha. E com uma equipe formada por profissionais de diversas áreas, realiza no ano anterior uma pesquisa minuciosa para se chegar ao resultado final, que define qual será a cor de determinado ano.

E como isso acontece?

A equipe da Pantone®, desde 1999, viaja o mundo todo para observar e analisar como as pessoas se comportam tanto nas grandes quanto nas pequenas cidades, e é por meio dessas pesquisas que fazem os estudos para traduzir a cor que orienta esse comportamento, esse estilo de vida de uma época. O objetivo disso é guiar as criações do ano seguinte.

## ESTAMPAS

*O mais importante na mistura de estampas ou padronagens é que ao mesmo tempo que seu look fica criativo, passa uma imagem de uma personalidade mais extrovertida.*

*Na hora de compor estampas ou padronagens diferenciadas, comece escolhendo peças com a mesma cartela de cores.*

*Quer se aventurar nessa mistura? Inspire-se nessa imagem. As estampas são da mesma cartela de cores. Isso dá uma acalmada e faz com que você não caia na armadilha de parecer desleixada.*

*Look 5*

## ACESSÓRIOS

*Se você quiser adicionar outras cores, minha sugestão é que elas estejam nos acessórios.*
*O mocassim amarelo traz mais personalidade à composição. Mas leia bem o que eu falo sobre essa cor.*

*Atenção aos acessórios que têm outras cores fortes, eles podem estar em comunhão com as estampas. Invista nessa mistura.*

# 4. Vítima da moda

# A MODA NA NOSSA VIDA

---

Chegou a hora de falarmos, definitivamente, sobre a sua relação com a moda. Como você lida com esse assunto? Gosta e acompanha? Ou rejeita, nega e não se importa com o que veste?

As suas respostas a essas perguntas podem indicar muita coisa sobre a sua personalidade, mas jamais indicarão que você não se relaciona com a moda. Felizmente ou não, a moda é inerente à nossa vida, ela representa tudo aquilo que somos e representamos para o mundo. Não acredita? Basta dar uma olhada rápida na história para reparar no quão importante é a moda – ou a falta dela – nos mais variados acontecimentos, que a entrelaçam aos mais marcantes fatos da humanidade ao longo dos séculos.

Para se ter uma ideia, a moda passou a fazer parte da vida dos homens a partir do momento em que sentimos a necessidade de cobrir o nosso corpo com a pele de animais para nos protegermos das condições externas, como o frio e a chuva. Com o passar do tempo, aquilo que até então era apenas uma cobertura passou a simbolizar status e poder, ou seja, quanto mais poderoso fosse alguém, mais suntuosas e luxuosas eram as peles usadas por essa pessoa para cobrir o corpo, pois significava que ela era uma exímia caçadora.

Desse período em diante, cada vez mais poder e status passaram a trilhar os caminhos do homem e, assim, cada vez mais a moda passou a fazer parte de nossa vida. Nós somos o que vestimos, o que mostramos ao outro. E, nesse ponto, a moda não faz referência somente à escolha por alta-costura e à definição de seu poder aquisitivo, mas também – e principalmente – à maneira como você compõe uma peça com a outra.

Vestir-se bem, mesmo acreditando não ter nada para vestir, é o que caracteriza a sua imagem e a sua personalidade no mundo para a sociedade. E como você se mostra para o mundo? Quem é você? O que quer ser?

A seguir, tracei uma lista com alguns pontos que podem torná-la uma vítima da moda. Descubra com qual você se parece e tente fugir dessa armadilha nas próximas estações e oportunidades da vida. Pode ser libertador, vá por mim!

### MODA À RISCA

Estar sempre na moda a qualquer custo é a expressão que domina o seu vocabulário e, mais ainda, o seu guarda-roupa. O que importa para você é ter e usar a roupa que aparece na televisão, que é comentada pelos fashionistas e que não saem das revistas. Se sim, tudo bem, não há problema nisso, é uma escolha. No entanto, ser assim a deixa exposta às mais variadas armadilhas, uma vez que você é capaz de fingir que não viu que uma peça não lhe caiu bem só para não abrir mão de estar na moda.

VÍTIMA DA MODA

Outro fator é que talvez sua imagem não tenha muito a ver com a sua personalidade, já que as roupas representam o nosso íntimo sem que precisemos verbalizar nada. Como a moda muda sempre e de uma hora para a outra, às vezes não é possível acompanhar essa velocidade, uma vez que poucos são os que estão emparelhados com os lançamentos. E aqui não estou me referindo aos fashionistas, mas sim àqueles que se vitimam e se deixam levar pela moda.

Até que ponto essa atitude vale a pena?

Somente você e o seu bolso podem decidir...

**JAQUETA PERFECTO**

*A jaqueta perfecto ganha cores, tachas, aplicações e broches. A peça é forte visualmente e já carrega sua própria personalidade. Então, para acompanhar esse momento, elegemos o azul e, assim, ele passeou pelo look.*

*Se é pare ser moderna, faça isso com muita consciência. O short é de alfaiataria e fica mais solto na perna.*

**Look 6**

### TENDÊNCIA: AMO, QUERO, SOU

Quase na mesma linha da pessoa que segue a moda à risca está aquele que não vive bem se não souber o que é a tendência da vez. Mas, afinal, o que é tendência? Simplificando bem, muito mesmo, tendência é algo que ainda não está na moda, mas, que ao ser usado repetidas vezes por muita gente – ou pouca, mas com influência –, passa a ser uma tendência, uma possibilidade de vir a ser usado nas próximas estações e coleções.

Muitas vezes, chegam a ser peças inusitadas, cores e combinações que dificilmente seriam usadas se não fossem consideradas tendências. Há quem goste de estar entre as pessoas que ditam tendência, há quem ache bonito ser uma dessas pessoas – e há quem fique bonito –, mas o risco é parecer alguém sem estilo, que segue tudo o que aparece e não sabe o potencial de sua personalidade. Pode não cair muito bem em determinados ambientes e soar mal para a sua imagem.

Acima de tudo, a fashionista sabe muito bem como tirar proveito de tudo isso, até porque seu modo de vida e seu trabalho permitem ousar a ponto de um dia estar mais roqueira e no dia seguinte aparecer mais no estilo dos anos 1990, e no outro mais delicada, depois sexy e assim sucessivamente.

### LIQUIDAÇÃO PARA QUEM?

A palavra "liquidação" parece ter um ímã, um luminoso ao seu redor que atrai, fatalmente, todos nós. É quase impossível resistir a uma liquidação, a uma promoção de fim de estação. Agora, é mesmo necessário? As peças que entram em liquidação são essenciais para a sua vida? Tente responder a essas perguntas antes de sair comprando, antes de comprar sem saber o que quer... O seu bolso agradece!

A maior armadilha relacionada à liquidação é esta: comprar sem necessidade, gastar dinheiro sem poder, deixar de investir em algo que lhe traga mais felicidade por uma peça de roupa. Tente exercitar o seu autocontrole para não se render a todas as liquidações. O consumo consciente agradece e você começa a exercitar mais ainda seu poder criativo.

### O VENDEDOR DEVE SEMPRE FALAR A VERDADE

Algumas vezes, encontramos aquele vendedor que percebe nossos momentos de fraqueza, quando nossa autoestima está abalada e qualquer elogio vai nos cair bem. Existe também o vendedor que, mais do que fidelizar o cliente, quer bater a meta do mês e, com isso, quem perde somos nós, carentes de atenção. Além dos elogios excessivos, os argumentos parecem se encaixar em nossa vida. Cuidado com essa lábia! É dito e feito: a roupa que experimentamos pode ter ficado horrível, o sapato apertado, um caos, mas acabamos levando porque acreditamos nas famosas frases: "Ficou um arraso! Esse apertadinho vai sumir, porque esse tecido cede!"; "Ah, fica tranquila, esse couro cede..."; "Levei um igualzinho a esse no mês passado e também ficou assim, apertado. Hoje já uso de boa", e por aí vai...

Tente tapar os ouvidos e não acreditar nessas falsas verdades, uma vez que quem perde é você por não aproveitar uma peça que está pequena, que não ficou boa ou que simplesmente você não gostou e não vai usar, uma vez que só quer comprar para se sentir bem naquele momento. Fuja das lojas com esse tipo de vendedor. Eles só querem vender e não fidelizar o cliente; e quem perde são eles e você.

### PEÇAS DATADAS

#### NEM TUDO O QUE É VINTAGE É LEGAL!

As peças datadas podem ser um toque especial para compor um look moderno e contemporâneo, mas cuidado: nem tudo entra nessa categoria. Uma peça datada é bonita quando de fato foi feita na época a que se refere, e o conceito de ressignificar as peças está dando uma nova cara aos clássicos das décadas passadas. Roupas datadas ganham interferências artísticas, bordados inusitados e novos objetivos de uso. As parkas militares das décadas de 1950 e 1960, por exemplo, estão no topo da lista dessas peças.

A seguir, listei algumas décadas e suas respectivas tendências de moda, que podem ajudar a orientá-la a não cair em uma armadilha por falta de informação:

*Anos 1950:* A mulher era romântica, mas não deixava de lado a sensualidade, com o uso da cintura marcada e de formas exuberantes. Tops com seios pontudos, saias com pregas, estampas florais e poás. Nessa década, os alfaiates atendiam à classe média.

*Anos 1960:* É conhecida como a década da revolução das roupas. O rock'n'roll dominava a cena. Elvis Presley e suas jaquetas de couro personificavam a rebeldia. Os Beatles mostraram ao mundo uma silhueta mais próxima ao corpo. As calças *cigarrete* também ganharam força nessa época. Sai o clássico e entra o subversivo.

A minissaia ganhou força para liberar de vez a feminilidade. Linhas pretas deram origem ao tubinho preto criado por Yves Saint Laurent, além das coleções futuristas de André Courrèges.

*Anos 1970:* A década da liberdade sexual e uma das mais importantes para a moda. Os homens deixaram de lado a formalidade e adotaram o psicodelismo. O natural e seus derivados ditaram as criações dessa época, daí o algodão, os tons de caramelo, o linho, o artesanal, o feito à mão. Aqui também apareceu uma das maiores armadilhas da moda: as calças com cintura baixa.

*Anos 1980:* A década do exagero. Tudo aqui foi intenso! Madonna ditava a moda com sua sensualidade exagerada, e Michael Jackson brilhava na voz e nos pés com seus sapatos bordados com cristais. O menos, na moda, desapareceu: ombreiras eram exageradas, minissaias eram sobrepostas a *leggings*, o fluorescente norteava a cartela de cores da década e as meias tipo arrastão dominavam a cena – em 2017, essa meia volta sobreposta com o jeans, o que pode ser uma armadilha para alguns.

*Anos 1990:* A década do grunge. O ponto alto foi a camisa xadrez de flanela, que era marca registrada desse estilo musical. A liberdade de expressão deixou as pessoas mais à vontade para fazer suas escolhas. O minimalismo começa forte para frear o maximalismo glamoroso dos anos 1980. Pantalonas eram usadas com camisetas, um pouco das interferências clássicas e combinações aparecem de leve em algumas jaquetas e as Spice Girls trouxeram à tona uma das mais perigosas armadilhas da moda: além de reforçarem o uso da calça de cintura baixa, colocaram em evidência as botas tipo quebra pé – as plataformas altas de borracha.

## PARKAS

*As parkas vieram do universo militar para definitivamente dominar a cena da moda. O mais incrível é o ressignificado que muitas delas estão ganhando. Peças garimpadas em brechós ao redor do mundo ganham pinturas e uma cara nova.*

*Look 7*

## COTURNO

*Aqui, utilizamos o coturno metalizado para acalmar a rigidez do estilo e uma combinação de camiseta sobreposta ao vestido. O ar romântico fica por conta dos tons claros e da barra drapeada do vestido.*

*Essa parka foi da coleção número 1/2016 da À la Garçonne e Alexandre Herchcovitch. Ela é tão personalizada que ganhou as minhas iniciais: A.G.*

*Sobre ressignificar suas peças... não pense muito! Deixe sua criatividade fluir. Use itens adequados para tecidos e dê à sua jaqueta outro visual. Estilo e personalidade também têm a ver com roupas, mas, acima de tudo, com uma atitude consciente.*

### TRIBO: NÃO ABRO MÃO DA MINHA

Por favor, amem-se e façam parte do grupo que quiserem desde que não interfira nos direitos do outro.

É possível ser roqueiro, pagodeiro, funkeiro etc. e usar roupas mais convencionais em ambientes que não fazem parte do que é compartilhado pela tribo. Não quero sugerir que você adote duas personalidades, mas que saiba dosar suas roupas nos ambientes que circula. Certamente, você afastará muitas armadilhas com essa atitude! (E o seu cabelo também está incluso nesse processo.)

### CABELO, CABELEIRA

É mais definitivo do que parece! Pense bem antes de fazer qualquer alteração, principalmente se estiver relacionada à cor. Eu, Arlindo, não tenho nada contra quem decide ter o cabelo colorido com um corte extravagante, até porque já fiz isso várias vezes, mas desde que seja condizente com o seu estilo – aos 17 anos, tive cabelo azul; aos 18, raspado; aos 25, com topete; aos 34, longo e cacheado; aos 39, curto e desfiado com franja; aos 40 voltei a ficar loiro, mas tudo isso tinha e tem a ver comigo. E no seu trabalho? Você seria bem-aceito com um cabelo diferente? Analise o seu ambiente de convívio e pondere se vale a pena entrar de cabeça nessa armadilha e encará-la de frente. Só você pode decidir...

# 5. Sensualidade, para que te quero?

# SEXY SEM SER VULGAR: É POSSÍVEL?

―――

Em quem você pensa na hora de se vestir? Muitas das mulheres com quem convivo já se acostumaram com a famosa regra: "uma mulher jamais se veste para um homem, mas para outra mulher!". No entanto, será que deve ser mesmo sempre assim?

Sinceramente, acredito que não. É óbvio – e não há mal nenhum nisso – que em determinados dias e situações nos vestimos pensando na melhor amiga, no gato do trabalho, no namorado novo, na mãe etc. É bom, saudável e admirável querer surpreender alguém. Mas só de vez em quando, ok? A frequência disso pode se tornar uma obsessão.

O ideal é que sempre pensemos em nós mesmos quando formos nos vestir, que façamos do ato de escolher uma peça no guarda-roupa um verdadeiro ritual com a nossa autoestima e a nossa imagem. Nós precisamos disso e devemos aproveitar ao máximo esses momentos de extrema intimidade com aquilo que pretendemos projetar no nosso dia: seja felicidade, alegria, poder, força ou o contrário de tudo isso.

E nos dias em que decidimos ousar, ser sexy e sair para arrasar, devemos praticar ainda mais esse ritual com leveza e seriedade ao mesmo tempo. Só assim, com a certeza e a segurança de sabermos exatamente as escolhas que fizemos, conseguiremos ser sexy sem ser vulgar. Afinal, a linha que separa uma coisa da outra é muito, muito tênue, e para ultrapassá-la basta uma única armadilha: não se conhecer, mas pensar que se conhece.

O exercício, o ensaio com o espelho – como já vimos no *Nada para vestir* – deve ser diário, uma vez que, quanto mais praticado, mais segura de si você se torna e aí não terá quem segure a sua autoestima e a sua decisão.

E já que o assunto deste capítulo é ser sexy sem ser vulgar, vamos logo a alguns pontos que podem se chocar com a ideia batida que temos a respeito da sensualidade:

→ *Nem todo look sensual pede decote!*

→ *Roupa curta + roupa justa podem ser mais vulgares do que sexy!*

→ *Salto alto + milhares de acessórios + make pesada são sexy? NÃO!*

→ *Calça comprida pode ser muito mais sexy do que uma saia!*

→ *Transparências nem sempre são sinônimos de sensualidade... Quando mal utilizadas são sinônimo de vulgaridade.*

→ *Barriguinha de fora pode acabar com um look sensual.*

Desconstruir os mitos relacionados à sensualidade é o primeiro passo para fugir da armadilha que pode detonar um look sexy e elegante e transformá-lo em um monumento ao mau gosto e à vulgaridade. Venha saber como junto comigo!

AH, LEMBRE-SE DE QUE, SE QUISERMOS E ASSIM DECIDIRMOS, TODOS NÓS PODEMOS SER SEXY! BASTA SABER MONTAR UM LOOK QUE ESTEJA DE ACORDO COM AQUILO QUE PENSAMOS E QUEREMOS.

**Look 8**

**TRICÔ**
*O tricô mais solto representa o conforto que toda peça gostaria de ter. Aliás, as marcas de luxo exploram esse viés como novo aliado. Sofisticação e conforto caminham juntos.*

*Um acessório de peso traz força a qualquer produção.*

*Quando usar uma calça* skinny, *opte por peças que cubram a área pélvica e o bumbum.*

**SANDÁLIA**
*A sandália cor da pele adiciona leveza à composição, que pode, inclusive ser usada no ambiente de trabalho.*

## NINGUÉM TE SEGURA!

Como já sabemos, somos, sim, todos iguais, porém com algumas diferenças, a começar pelo nosso corpo. Cada um tem um corpo e não se pode dizer que um é mais bonito que o outro, que um é ideal e o outro não. O que temos de colocar de uma vez por todas em nossa cabeça é que para cada tipo de corpo há um tipo de roupa que se adéqua melhor que outras – falamos detalhadamente sobre isso no *Nada para vestir* – e, no caso dos decotes, se você souber casar a combinação *corpo + peça certa* ninguém te segura!

## TOMARA QUE CAIA NÃO FICA BOM EM NINGUÉM?

Eu decreto o fim do tomara que caia de malha! Sério, se tivesse o poder de acabar ou de banir uma peça no guarda-roupa do mundo, com certeza escolheria o tomara que caia feito com tecidos moles e acabamento em elástico. E sabe por quê? Porque não cai bem em nenhum tipo de corpo, pois dá uma ideia de que está mordendo o seio. Aliás, seria melhor mesmo que caísse, ficaria mais bonito e mais livre.

Explico toda a minha aversão a essa peça:

*Morde o seu busto:* não importa se você tem muito ou pouco seio, o tomara que caia vai mordê-lo de qualquer maneira, agindo a favor da gravidade e colocando tudo para baixo. Visualmente não fica bom, não fica bonito.

*Desleixo:* por achatar o seu busto, a sensação que fica é que você e sua imagem não estão em sintonia e que você não se preocupou em se vestir para aquela situação – mesmo que seja um churrasco de família.

*Acessórios:* é a única peça em que qualquer acessório escolhido para enfeitar causa o efeito contrário, uma vez que chama mais atenção para o seu busto achatado, "caído". De fato, não fica bonito!

Conseguiu entender por que eu baniria o tomara que caia? Se você me entendeu, mas, ainda assim, gosta muito (muito mesmo) dessa peça a ponto de não conseguir tirá-la de seu guarda-roupa, opte pelos modelos que tenham uma sustentação – o famoso bojo – ou os modelos *um ombro só*, pois somente eles são capazes de neutralizar esse efeito de achatado do tomara que caia.

Já um tomara que caia em um vestido de festa e com modelagem mais estruturada pode soar elegante e sofisticado, haja vista os modelos desfilados em alguns tapetes vermelhos mundo afora.

## DECOTES V, U, QUADRADO, CARECA, PROFUNDO...

Todas as blusas, camisetas e vestidos têm decote! Saber escolhê-los e combiná-los ao seu corpo e à ocasião pode ser a melhor ferramenta para auxiliá-la a fugir das armadilhas equivocadas da sensualidade ou vulgaridade. Para facilitar, fiz uma pequena tabela com algumas dicas que podem ajudá-la a escolher o decote e a peça, ok? Use e abuse deste guia para ser mais feliz em suas escolhas de decotes:

## GUIA BÁSICO DE DECOTES

| DECOTE | TIPO DE CORPO | BUSTO | OCASIÃO | ACESSÓRIOS |
|---|---|---|---|---|
| V | Para as pessoas acima do peso, chamar atenção para o colo. Também pode ser usado entre as mais magrinhas, mas se não tiver muito busto isso ficará em evidência, o que eu amo! | Mediano a grande. | Ambientes descontraídos, noturnos; até a altura da axila no ambiente de trabalho. | Colares mais delicados, finos, compridos com pingentes. |
| U | Pessoas acima do peso. É um decote democrático como o V. | Mediano a grande. | Ambientes descontraídos ou no trabalho se você se sentir à vontade. | Colares mais finos e delicados ou aqueles que acompanham o acabamento do decote. |
| Profundo | Pessoas mais magras. Mas, se você não for das mais magras e se sente bem vestindo um desses, vá em frente. | Pouco. | Ocasiões especiais, festas. | Colares mais longos, máxi brincos. Preze pela delicadeza para quebrar a profundidade do decote. |
| Quadrado | Pessoas mais magras. | Pouco a mediano. | Ambientes de trabalho ou mais descontraídos. | Fica bom com acessórios mais ousados ou mais discretos. |
| Careca | Para todos! | Pouco, médio ou grande. | Em todos, cai bem. | Dos mais ousados aos mais delicados. |
| Trespassado | Para pessoas acima do peso, mas também é universal. | Médio a grande. | Ambientes mais descontraídos. | Colares e lenços mais delicados e discretos, máxi brincos. |

A lista de decotes é imensa e não há como fugir deles. Saiba escolher o seu para montar um look que seja a sua cara.

### TULE

Vamos tentar esclarecer esse conceito? Quem foi que disse que aquele tecido meio transparente, cor bege some na pele? Isso eu ainda não consegui entender... Se os tons de pele variam, não deveria haver um padrão de cor para esse tecido, certo? Sim, certo. Não deveria, mas ao que tudo indica essa cor não varia e então, seja para a pele mais clara ou mais escura, o tule é o mesmo.

E é aí que mora a armadilha. A intenção desse tecido é que ele desapareça na pele, fique invisível e mostre apenas alguns detalhes de bordados e pedrarias. Mas, ao contrário do que se propõe, ele não só aparece na pele como fica largo e esvoaçante, chamando a atenção para os detalhes da pele de quem o usa, junto com os detalhes que deveriam ter destaque sozinhos. Resultado: não fica bonito em ninguém.

E por quê? Ora, porque aparecem em vez de ficarem invisíveis. Como o tomara que caia de malha, torço para que essa fase da moda passe logo!

É óbvio que esse tecido em vestidos de festa pode, sim, funcionar e trazer um pouco mais de sensualidade a esses momentos. Não posso ser radical a ponto de dizer que algumas criações feitas para ocasiões noturnas não são boas ou bonitas; a armadilha está em trazer o tule para o dia a dia.

## DE ONDE VEIO O TULE NA MODA?

Tradicionalmente usado para confeccionar fantasias e peças relacionadas ao balé, o tule ganhou o coração da alta-costura depois que a jovem estilista Molly Goddard ousou ao criar vestidos com o tecido, que são volumosos, coloridos, bordados e modernos. A partir daí, virou tendência e estilistas do mundo todo passaram a usá-lo em suas peças.

Claro que, se virou tendência, caiu na costura mais popular e ao alcance de todos nós, mortais. Mas está aí um exemplo clássico do que é copiado e não dá certo. Nesse caso, as inspirações são mais bonitas que as cópias. Refiro-me às peças feitas de tule colorido, como blusas pretas, mais soltinhas e com algumas aplicações para dar aquele charme. Essas eu recomendo o uso. Nem preciso repetir, né?

## TRANSPARÊNCIAS: QUANDO?

Ao falarmos do tule é inevitável não pensarmos na famosa, sexy e ousada transparência, não é mesmo? E quando e onde devemos e podemos usar aquela peça transparente?

Uma bela de uma camisa transparente deveria ser peça-chave no guarda-roupa de qualquer mulher, uma vez que, sabendo usá-la, nunca será uma armadilha. Conhecendo muito bem o seu corpo, você com certeza saberá comprar a peça que mais o favoreça e ressalte seus pontos fortes. Nesse caso, é recomendável que a camisa fique um pouco mais solta e folgada, já que você pode usá-la com uma regatinha básica por baixo ou com uma lingerie.

A transparência pode se tornar uma armadilha se usada em um momento inapropriado – o ambiente de trabalho, por exemplo – ou com a regata ou a lingerie errada. Agora, se você souber combiná-la com a peça correta e usar com uma calça jeans, estará pronta para impressionar em um evento mais descontraído. Acima de tudo, vale a regra do vela e revela. Se já tem transparência na blusa, por que usar uma minissaia? E mais: se o vestido é curto e justo, por que tem que ter transparência?

Coragem, menina, você pode, sim, usar transparência! Mas antes saiba usá-la de maneira estratégica, causando, assim, uma impressão positiva.

# 6. Underwear, everywhere!

# A LINGERIE:
# TIRA, PÕE!

---

Há quem não se importe com as peças íntimas, há quem se importe demais e há quem fique neutro na situação. Quem aqui nunca ouviu daquela tia ou avó que é preciso "sempre estar vestindo uma bela lingerie por não se saber o que pode acontecer ao longo do dia"? Inevitavelmente, quando o assunto diz respeito às peças íntimas, o papo sempre acaba fluindo para o aspecto sensual dessas peças. Mas será que elas são só isso?

Para quem respondeu que sim, precisamos rever os conceitos. As peças íntimas são, sim, peças fundamentais em nosso guarda-roupa e escolhê-las é muito mais um exercício voltado para si e o seu autoconhecimento do que para qualquer outra pessoa ou situação.

Em geral, a sensualidade das lingeries está intimamente ligada – desculpem o trocadilho – ao pequeno tamanho e ao tecido das peças. Quanto menor, mais ousada e mais próxima do vermelho e do preto forem, mais sexy são. Certo? Errado.

Não existe peça mais relacionada à personalidade de alguém do que a íntima: lembre-se de que para ser sexy é preciso ser natural e espontânea. Não adianta forçar e montar uma situação, pois vai parecer uma tentativa frustrada de imitar alguém, e isso acabará decepcionando-a e decepcionando quem estiver com você. Pense!

Lembre-se de que muito mais importante do que se preocupar com as rendas, cores, tecidos e extravagâncias da sua lingerie é se preocupar com o bom estado delas, única e exclusivamente por uma questão de higiene pessoal.

### EXPERIMENTE TUDO!

Por mais chato que possa parecer, o ideal é que, além de conhecer o seu corpo e saber exatamente o tamanho que as peças devem ter, você as experimente, pois só assim saberá se elas, de fato, ficaram boas. O mesmo vale para a composição das roupas que vão por cima delas, sobretudo se forem justas ou claras: ninguém precisa saber o que você está vestindo por baixo da roupa se essa não for a sua intenção, ok?

### PEÇAS BRANCAS E TRANSPARENTES

Sim, todo cuidado é pouco na hora de escolher a lingerie para acompanhar essas peças. Nas peças brancas, elas não devem aparecer, do contrário o look deixará de ser elegante e sóbrio e passará a ser vulgar. Para não errar, olhe-se no espelho sempre antes de sair de casa. Se aprovou e se sentiu segura, siga em frente.

Já com as peças transparentes, se a sua escolha foi usar um sutiã por baixo daquela camisa transparente, você já sabe que ele irá aparecer. Tente ponderar se essa escolha é adequada ao ambiente aonde você irá – sempre procure se sentir bem e confortável com a sua roupa – e então escolha o modelo, se será com ou sem renda, colorido ou da mesma cor da camisa; fica a seu critério e gosto. Meu único pedido é: atenção ao tamanho da peça. Não tem nada pior do que você conversar com alguém e a pessoa fazer de conta que está tudo bem, quando não está.

**Look 9**

*Cartelas mais calmas são bem-vindas em ambientes mais formais. Escolha tecidos mais firmes e/ou encorpados. O toque ousado fica por conta da estampa de cobra do scarpin.*

### P, M, G OU GG?

Minha amiga, não importa se você veste P ou GG, o que importa é que você use o tamanho correto. Se é P, que use P, e se é G, que seja G e pronto.

Cair na armadilha de não querer usar uma calcinha G ou um sutiã G porque são grandes demais pode ser fatal e deixar à mostra os seus pontos mais fracos, aqueles que devemos esconder! Sabe aquelas gordurinhas nas costas e aquelas que saltam na nossa calça, na cintura? Pois elas ficam ainda mais evidentes se usarmos peças íntimas menores das que de fato deveríamos.

Hoje já é possível encontrar lojas que vendem tamanhos diferenciados para os seios e para as costas, oferecendo sutiãs praticamente sob medida para você. São diversas marcas que já dispõem desse tipo de produto, uma vez que sabem que o corpo das brasileiras é bem particular no diz respeito aos seios e às costas.

E já que estamos falando do tamanho dos sutiãs, não podemos deixar de falar das calcinhas. Para elas, vale o mesmo raciocínio, se você é P, vá de P, e se é G, use o G. Seja justa com o seu corpo e preze pelo seu conforto, pois assim será fácil ser sexy quando for o seu desejo.

As peças pequenas, além de evidenciarem as nossas gordurinhas, também realçam o tipo de peça que você está usando por baixo da roupa, seja uma calça, uma blusa ou um vestido. Seu corpo estará à mostra mesmo que essa não seja a sua intenção. Você não quer cair nessa armadilha, quer? Espero que não.

### CUIDE DE MIM!

Do mesmo modo que as outras peças merecem cuidados, as peças íntimas também merecem. E muito! Seja cuidadosa ao lavar, passar e dobrar, e também fique atenta quanto ao tempo de uso de cada peça. Nesse momento, é preciso que você pratique o seu bom senso e o desapego. Atenção ao elástico, à cor e à costura do tecido. Na hora certa, minha recomendação é que você aposente essas peças mais por higiene que por luxo.

> Atualmente, nas grandes cidades, é possível encontrar ONGs e instituições que recebem roupas usadas – incluindo as íntimas – e as destinam para reciclagem, no caso de peças que não podem ser reaproveitadas por outras pessoas.
>
> Procure se informar quando for dar um destino fora do seu guarda-roupa para as suas peças, afinal você fará um bem para você, para o meio ambiente e para outras pessoas.

### DE BIQUÍNI OU DE MAIÔ?

Para muita gente, escolher a peça para ir à praia é tão difícil quanto escolher uma roupa de festa. E a solução para isso está, mais uma vez, em se conhecer, gostar do espelho e saber o que fica bom ou não no seu corpo. Bom senso é tudo na moda e na vida!

Mas, antes de definir qual modelo lhe cai melhor, vamos entender de uma vez por todas que moda praia é na praia ou, no máximo, na piscina, ok? Vamos fazer jus à moda brasileira que tanto brilha no que diz respeito aos biquínis, maiôs, saídas e chinelos. E vamos usá-los do modo correto para não cairmos na armadilha de sermos inadequados e acabarmos nos sentindo mal, como um peixe fora d'água.

### *Seios pequenos*

Sutiãs com bojo ou enchimento fazem toda a diferença. Além deles, use e abuse do cortininha, das estampas, dos bordados e dos babados na parte de cima. Eles dão a ilusão de aumentar o seio. E isso é bom para você.

### *Seios grandes*

Use os modelos com sustentação na parte inferior, pois lhe garantem mais segurança. O modelo frente única valoriza o colo sem parecer vulgar. Alças largas, normalmente, dão mais sustentação.

### *Cintura larga*

Adote os modelos de calcinhas mais largas, pois dão a impressão de aumentar o seu quadril, deixando o seu corpo mais harmônico.

### Baixinhas

Use as calcinhas com as laterais mais finas, pois elas acentuam o recorte das pernas, criando a sensação de que são mais longas. Se você gosta do modelo asa-delta, aproveite que ele está na moda e capriche no visual.

### Muito altas com pernas longas

Você pode abusar das calcinhas mais altas e com cortes e recortes mais modernos. Inspiradas nos anos 1980 e 1990, as calcinhas que amarram nas laterais também ajudam a deixar as pernas mais proporcionais ao corpo.

### Quadril estreito

Escolha os modelos com laços laterais, cores vivas e estampas grandes, uma vez que dão a sensação de aumentar essa região do corpo.

### Quadril largo

Calcinhas mais largas, com cores mais sóbrias e lisas dão a sensação de diminuir alguns centímetros do seu quadril, além de chamarem menos atenção para essa parte do corpo.

### Maiôs

Essa peça caiu no gosto das brasileiras e ficam boas em todos os corpos. Repaginados, os maiôs dão um ar moderno, seja você alta, magra, gorda ou baixa. Se você é do tipo antenada, não tenha medo de escolher um maiô para ir à praia.

Ninguém pode negar que nós, brasileiros, sabemos – e como sabemos – fazer biquínis! Hoje em dia, a cada ano mais modelos entram em evidência. Dos mais simples aos mais ousados, os biquínis ganharam linhas, formatos e laços a mais. Se você gosta desses modelos, use sem medo. Mas capriche no protetor solar, pois do contrário, você ficará parecendo uma obra de arte ambulante.

**PÓS-PRAIA**

Depois de um dia de praia, esteja pronta para mais descontração. A roupa pode ir por cima do biquíni, mas o ideal é que ela não o deixe tão à mostra, uma vez que esses "eventos" podem seguir noite adentro e você pode cair na armadilha de não se sentir bem com a roupa depois de determinado horário. Capriche no look e arrase de maneira adequada e com estilo.

Ficou na dúvida sobre como compor a produção, seja no pós-praia ou na cidade, com calças, saias ou vestidos? Vamos falar deles no próximo capítulo.

Muitas armadilhas desaparecerão da sua vida.

O macaquinho de linho
é a cara do nosso verão.
A peça tem um DNA
de descontração e
é indicada para
momentos de lazer.

## Look 10

Detalhes como a pele
aparecendo podem
trazer sensualidade
ao look.

Pontos coloridos
também são
bem-vindos
nessa mistura
com cores mais
neutras.

**ATENÇÃO**
à armadilha da
numeração.
Para que a peça tenha
um ar mais casual, ela
deve ficar mais solta
no seu corpo.

# 7. Calça, saia ou vestido?

# TUDO
# MUDOU!

---

Hoje em dia já não é tão simples sair por aí para comprar uma calça, uma saia ou um vestido. Se antes só havia um modelo – no máximo dois – dessas peças, atualmente o leque de opções é quase infinito; seja no comprimento, no corte ou na largura, as variedades não param de aumentar. E como você fica diante de tantas alternativas? Perdida, é claro.

Para tranquilizá-la, você não é a única. E a primeira armadilha com a qual nos deparamos diante das saias, calças e vestidos é exatamente esta: a infinita variedade de modelos de cada um. Saber como é o seu corpo, que tipo de tecido lhe cai melhor, quais os cortes que valorizam e quais detonam as suas curvas é o primeiro passo para que você saiba se orientar nesse mar de roupas.

Sabendo disso, o segundo passo é entender de uma vez por todas que não é porque está na moda, na TV, na internet, no cinema, que você tem de usar. Nem tudo que sai na mídia ou é apresentado nos desfiles é para ser usado no dia a dia. E os motivos que justificam isso são inúmeros, mas listo alguns dos principais para que você possa entender:

- → Além de exibir uma tendência, uma peça feita para um desfile é também usada para se tornar uma referência da coleção de um determinado estilista. Esse é o momento que ele e a sua marca têm para ousar e para se consagrar, para exibir o auge de toda sua criatividade.

- → Atualmente, o padrão "corpo de passarela" está mudando, mas, se analisarmos aquele velho conceito, do corpo magro e retilíneo, ele dificilmente será parecido ou igual ao corpo da maioria das mulheres brasileiras, o que indicaria que nem todas aquelas peças são adequadas para nós.

- → Você não é obrigada a usar uma roupa só porque ela está na moda! Principalmente se você não gosta dela. Mais importante do que estar na moda é ser você mesma e se sentir confortável com isso, com o que você é.

Vamos então ao que interessa e façamos uma lista com as opções de modelos de calças, saias e vestidos que existem hoje para que você pondere qual é o melhor para o seu corpo e para a sua personalidade.

### CALÇAS

A calça é a nossa amiga inseparável! Peça fundamental e indispensável no guarda-roupa de qualquer pessoa. Ela nos acompanha em todos os lugares, é possível estar bem-vestido com uma calça no trabalho, em uma festa, em um encontro com os amigos, em um jantar ou churrasco de família.

A versatilidade dessa peça, no entanto, pode nos colocar em muitas armadilhas se não soubermos escolher o modelo certo, o tecido certo e o corte certo para cada ocasião. Para que isso não aconteça, além de saber exatamente para onde você está indo, o ideal é que você tenha um pouco de noção dos modelos das calças.

**VAMOS LÁ?**

**CINTURA BAIXA**

Lembra aquela minha implicância em relação ao tomara que caia de malha com elástico? Multiplique-a por 10 quando o assunto é cintura baixa: vamos banir essa opção do seu guarda-roupa, por favor. A menos que seu corpo seja extremamente magro e sem curvas e que suas pernas sejam longas e finas, esse modelo não ficará legal em você.

**E POR QUÊ?**

Porque esse modelo de calça deforma o nosso corpo, além de achatar a silhueta. Sabe aquela gordurinha lateral – os famosos flancos – que tanto queremos esconder, disfarçar e motivo pelo qual passamos horas e horas na academia? Então, a probabilidade de que ela seja herança da sua antiga e amada calça de cintura baixa é enorme, ainda mais se você foi adolescente nos anos 1990 e era fã das Spice Girls.

## AS ARMADILHAS DA MODA

> **UM POUQUINHO DE HISTÓRIA**
>
> A cintura baixa foi uma novidade dos anos 1960, na forma da calça *saint-tropez*, que mostrava escandalosamente toda a região do umbigo. A parte da frente da calça, que tinha normalmente 30 cm, passou a ter entre 10 e 20 cm, alongando o desenho do torso. Esse corte de calças durou mais alguns anos como parte da cultura hippie, nos anos 1970, e voltou com força total em meados dos anos 1990 e começo dos anos 2000, com as ilustres Britney Spears e Spice Girls, ícones da cultura pop. Continuo não gostando desse modelo…

Outro fator que problematiza a cintura baixa é o que ela exibe quando você se senta. Sim, o *cofrinho* e a sua calcinha. Ninguém é obrigado a ver as suas partes íntimas em público.

### CINTURA MÉDIA, CINTURA ALTA

Nada mais clássico e versátil que uma calça com cintura média-alta no seu guarda-roupa, com a qual você consegue montar dos looks mais clássicos aos mais irreverentes. Ao contrário da cintura baixa, com esse modelo você mantém tudo no lugar e destaca as curvas do seu corpo que você quer mostrar.

Criada por Coco Chanel nos anos 1920, a cintura alta veio com um tom de irreverência e desejo de exibir a feminilidade da mulher em peças originalmente masculinas, como as calças, por exemplo. A ousadia e a coragem de Coco Chanel romperam paradigmas que nunca mais voltariam a ser os mesmos; já o corte e a cintura das calças, esses oscilam de tempos em tempos.

Outro estilista que veio dar um toque irreverente à cintura alta foi Christian Dior, que, em 1947, criou o chamado New Look, conceito que devolvia às mulheres a irreverência e a feminilidade perdidas (ou esquecidas) durante a Segunda Guerra Mundial. Retomar a vida e recuperar os costumes era o que as pessoas mais queriam no pós-guerra, e isso foi o suficiente para que o New Look caísse no gosto das mulheres da época.

De lá para cá, esse ar irreverente e feminino da cintura média-alta se manteve e, se o seu intuito for compor um look moderno, clássico e feminino ao mesmo tempo, aproveite esse modelo. Com ele, com certeza você estará bem-vestida em qualquer situação. Se você for mais alta, aproveite também para usar as peças com a boca mais larga; se for mais baixinha, os cortes retos lhe caem melhor e alongam a silhueta.

### CURVAS, QUERO MOSTRAR!

Se exibir apenas uma cinturinha no lugar não é suficiente para você, não tem problema, as calças *skinny* (justas e com boca afunilada) são ótimas para deixar à mostra todas as curvas das suas pernas e da sua cintura.

Mas cuidado: esse modelo exibe mesmo todas as curvas do corpo, então, se você estiver um pouco acima do seu peso, querendo esconder uma gordurinha aqui e ali, certamente ela não será interessante para esse momento da sua vida. Outro truque indispensável é não combinar, em hipótese alguma, a *skinny* com a cintura baixa, pois ela marcará as suas curvas e achatará a sua silhueta, o que não gera um resultado agradável ao espelho. Sem falar que a médio e longo prazo sua silhueta mudará de formato. Como a cintura baixa aperta, seus flancos provavelmente aumentarão.

O ideal é que esse modelo seja usado somente em ambientes mais descontraídos e informais, pois, em uma situação de trabalho e mais social, exibir as curvas pode não ser muito confortável e visto com bons olhos. Tenha atenção a esses detalhes quando escolher essa peça. E mais importante: a numeração correta faz toda a diferença.

### QUADRIL LARGO, PERDE E GANHA PESO, BAIXINHAS E MAGRINHAS

Conhecer o corpo é a arma principal contra as armadilhas da moda. E, no que diz respeito à calça, essa regra também é essencial.

### SEU CORPO, SUAS REGRAS, SEMPRE!

Não há nem o que discutir com relação a isso, mas entender o que fica melhor e o que age a seu favor pode ser um truque e tanto na hora de fugir das armadilhas que destacam aquilo que você quer esconder. Por isso, veja a seguir algumas dicas básicas e essenciais que colocam o seu corpo alinhado conforme o seu desejo:

### Quadril largo

Se a sua intenção é disfarçá-lo, opte por calças mais retas e sem detalhes na região do quadril; quanto menos, melhor. Sempre escolha peças com a cintura no lugar porque não marcarão demais o que você quer disfarçar. Agora, se você quer mostrar essa parte do corpo, prefira calças com cintura mais alta, que marquem bem a cintura, pois colocam seu quadril em evidência sem deixá-lo vulgar. Mesmo que você não tenha problemas em mostrar o quadril mais largo, não aconselho o uso da calça *skinny*, pois ela pode criar um efeito "casquinha de sorvete" no corpo, destacando demais e exagerando o que você tem de bonito.

### Pernas longas e finas

Coloque-as em evidência sem chocar. Use as calças *flare*, com um salto não muito alto; assim você deixará as suas pernas com um ar mais moderno sem evidenciar quão longas e finas elas são. Agora, se não quiser mesmo evidenciar suas belas pernas, opte pelas curtas, *pantacourt* (pantalonas curtas) e a cápri.

### Acima do peso

Não se culpe por isso, apenas use o seu guarda-roupa a seu favor. Escolha calças mais retas e com a cintura no lugar, pois elas não marcam e ainda alongam a sua silhueta. Se combinar com um salto, o truque fica ainda melhor.

## CALÇAS MONTARIA, *BOYFRIEND*, *FLARE*, *CIGARRETE*, *PANTACOURT*

Olha a moda ditando as regras, minha gente.

São tantos modelos e tantos nomes para essas peças que é difícil responder à pergunta: você gosta desses modelos?

Pode ser que você deixe de usá-los por não os conhecer ou os use sem saber o que está vestindo. Por isso, conheça o seu corpo e não tenha medo de experimentar essas peças, experimente à exaustão até entender e perceber se ficaram boas ou não em você.

### *Montaria*

A famosa *legging* recebeu esse nome de montaria porque, aparentemente, ganhou um tecido mais encorpado, o que também, aparentemente, lhe dá o status de *legging* arrumadinha, podendo ser usada inclusive no ambiente de trabalho. Cuidado, essas calças marcam bastante nossas curvas, afinal, devem ser justas para ficarem bonitas. Assim como as *skinny*, ficam melhores em ambientes mais descontraídos e informais e devem ser evitadas por quem está acima do peso, pois tem a armadilha de mostrar seus pontos fracos.

Ah, tornam-se mais bonitas e charmosas se usadas com blusas mais soltas e mais compridas, que cobrem a região do quadril e a área pélvica.

## Boyfriend

O conceito original dessa calça é pegar uma peça masculina e vesti-la em uma mulher, dando um ar despojado e moderno ao look, aquela coisa tão falsamente valorizada hoje em dia: *acordei linda, nem me preocupei com meu look e minha aparência, vesti a primeira coisa que vi na frente e saí de casa.*

Isso é real? Acredito que não! Até que ponto, afinal, as famosas e as blogueiras saem realmente de casa sem se preocupar com a aparência? Aquela maquiagem com ar mais natural e o look mais despojado são incansavelmente pensados e preparados até que fiquem no ponto ideal. Por isso, não caia nessa armadilha.

Se a sua ideia for sair de casa mais despojada, ótimo, mas montar o look, escolher a peça ideal para o seu corpo e olhar-se no espelho não são excluídos nessa hora na vida de ninguém, ok?

A calça *boyfriend* é, portanto, ideal para um momento mais descontraído, mas atenção: escolha a sua numeração – nem muito larga nem muito justa – e combine com acessórios que favoreçam as suas curvas. Para as baixinhas, esse modelo não é recomendável por achatar a silhueta, mas, se usada com uma sandália anabela, salto grosso, ou até mesmo com um tênis ou mocassim com o solado mais grosso, funciona muito bem. Agora, se altura não é um problema para você, abuse das rasteiras.

# Look 11

*A composição de peças em jeans, a cara dos anos 1990, volta com tudo, inclusive para o ambiente de trabalho.*

*Adicione um toque de cor à sua composição.*

*A sugestão aqui é usar jeans bruto sem lavagens ou interferências.*

*Na hora de fazer a barra de sua calça flare, você terá que decidir a altura do salto ou solado. A barra deve ficar a 1,5 cm do chão, cobrindo quase que o sapato todo. No mercado, você também encontra modelos de tênis e sapatos com solados mais altos.*

### *Flare*

Essa calça já foi boca de sino – nos anos 1970 a cultura hippie consagrou esse modelo –, depois passou a ser bailarina na década de 1990 com tecido que tem elastano na composição. Hoje, chegamos à *flare*, que é quase um meio-termo, um ponto de equilíbrio, entre a boca de sino e a bailarina.

É recomendada para as mulheres mais altas e com as pernas mais longas e deve ser usada com a barra no lugar, isto é, ninguém deve pisar na barra, mas também ninguém deve exibir o tornozelo.

Detalhe maior: esse modelo praticamente exige o uso de um saltinho, ainda que discreto, uma vez que sua barra mais comprida pede sapatos mais altos. O fato, na verdade, é que você precisa decidir se usará esse modelo com sapatos mais baixos ou mais altos, pois a barra da calça fará toda a diferença nessa decisão.

Pode ser usada em qualquer ocasião, seja no trabalho (desde que não tenha rasgos ou lavagens diferenciadas) ou em ambientes mais informais, pois compõe um look moderno e elegante.

### *Cigarrete*

Nada mais é do que a calça um pouco acima do tornozelo. Ela também faz parte daqueles modelos que entram e saem de moda a toda hora. Se esse modelo lhe agrada, não tenha medo de usar, mas cuidado para não cair na armadilha de achatar a sua silhueta e exibir seus pontos fracos ao escolher uma calça justa demais. Fica mais bonita em mulheres mais altas e com as pernas mais longas. Mas, como insisto em dizer, a moda é mais do que democrática e nós temos total liberdade para escolher aquilo que queremos.

### *Pantacourt*

Parece uma saia, uma bermuda ou uma calça. O que é, afinal? Para quem viveu a moda dos anos 1980, esse modelo de calça/saia ou saia/calça foi muito presente na época.

Trata-se de um modelo híbrido e nada justo, que fica entre a calça e a bermuda. Moderna e ponto alto de algumas coleções mais recentes, essa calça parece estar ganhando o coração das brasileiras, e, se você é do tipo que segue as tendências, entender melhor a *pantacourt* é uma boa para saber usá-la e arrasar em qualquer ambiente.

Ela pode compor um look tanto para ambientes mais informais quanto profissionais. Apenas tenha atenção para não achatar a sua silhueta, uma vez que ela pode cortar o seu corpo em dois se ficar no meio da perna. Escolha sempre sapatos com saltos mais altos e mais abertos se o desejo for alongar o corpo. Mas, se você não abre mão do conforto, opte por sapatos mais masculinos, como mocassins.

A *pantacourt* apareceu mais quando mais uma vez a sociedade estava em constante mudança. Outra vez, a poderosa estilista Elsa Schiaparelli, percebendo que as mulheres começaram a trabalhar, observou que as saias longas não eram práticas. Daí a ideia: encurtar um pouco a saia e fazer uma costura no miolo. Nasce assim a pantalona curta que nos dias de hoje remetem à uma mulher antenada com a moda.

## Look 12

Pantacourt é um nome muito recorrente na moda. Não é uma novidade. A peça apareceu em meados dos anos de 1920/30 a partir de uma necessidade da época. Na ocasião, as mulheres usavam saias longas, mas quando elas começaram a trabalhar fora de casa, a saia deixou de ser prática.

Elsa Schiaparelli viu esse movimento e teve uma ideia de juntar o meio da saia e a deixou mais curta. Pronto! Nasce a pantalona curta ou pantacourt.

A peça transita em vários ambientes. A sugestão aqui é que ela pode ser usada num dia de trabalho, desde que não seja formal, até em momentos de lazer.

Os saltos sempre amenizam o efeito visual de encurtar a silhueta. Sim, essa peça tem esse "poder". Mas abuse da criatividade e dê um adeus as alturas, ou nas alturas!

### JEANS É JEANS, MAS NEM SEMPRE!

O jeans é aquele tecido que vai bem com tudo, até com ele mesmo – como nos anos 1990 –, e deve estar sempre presente no seu guarda-roupa. Mas atenção: nem sempre o jeans é a melhor opção, e usá-lo em qualquer situação pode indicar que você está mal-arrumada e descontraída demais, sem seriedade.

Originalmente, o jeans apareceu no fim do século XIX nos Estados Unidos com o empresário Levi Strauss, que vendia lona para carroças. Quando ele começou a perder clientes ao redor do país, teve a ideia de dar um novo destino ao seu tecido, surgindo, assim, as primeiras calças jeans. Ele conseguiu alavancar o seu negócio, porém só atingia o público mais popular, de trabalhadores em geral. Com o passar dos anos, as calças jeans de Levi Strauss foram ganhando novos cortes e cores, e, com isso, caindo no gosto de astros do cinema e da música.

Era o que faltava para o jeans se tornar um ícone da irreverência e da cultura pop, sendo usado ao longo da história por diversos motivos, seja para cultuar uma ideologia, como os hippies nos anos 1970, ou para impor sua presença no mercado de trabalho, como fizeram as mulheres no dia 8 de março de 1978, em Nova York.

Talvez venha daí o ar mais irreverente, descontraído e, ao mesmo tempo, mais rebelde do jeans. E, para não cair na sua armadilha, saiba exatamente para onde você está indo e se uma calça jeans cabe nessa ocasião, se você vai se sentir à vontade e confortável. Se a sua ideia for ser um pouco mais rebelde, use e abuse do jeans, mas saiba o que está fazendo.

## COMO TUDO COMEÇOU

O jeans nada mais é do que uma peça de roupa confeccionada com o tecido denim. E o que se pode chamar de verdadeiro jeans é o tecido azul que apareceu quando Levi Strauss, mais ou menos em 1890, tingiu peças com o corante de uma planta chamada índigo, que lhes deu a cor que hoje conhecemos como *jeans*. O tempo passou e os artigos têxteis ressignificados por Levi Strauss foram ganhando popularidade. Aos poucos, as peças do estilista foram tomando o formato que conhecemos hoje: primeiro vieram os bolsos traseiros, depois o corte e os botões de metal. E então, em 1910, com todos esses "benefícios", o modelo caiu no gosto dos trabalhadores, que passaram a usá-lo em tarefas do dia a dia. Mas foi somente quando os astros de cinema hollywoodiano adotaram o visual que a peça se espalhou pelo mundo todo. Afinal, quem é que não ia querer sair por aí usando o que James Dean, Marilyn Monroe, Marlon Brando e Elvis Presley vestiam? Outro grupo que aderiu ao jeans, mas como sinal de contestação e rebeldia, foram os hippies.

## SAIAS E VESTIDOS

Existem peças mais femininas que saias e vestidos? Originalmente, até poderiam não existir outras opções, uma vez que calças e camisas eram destinadas somente aos homens. Por sorte, graças à coragem de muitas mulheres, as calças também entraram para o guarda-roupa feminino, e hoje já é possível compor looks sem nem sequer usar uma saia ou um vestido. E, nesse caso, eu me lembro bem da minha avó materna, Regina Grund, que amava usar calça jeans e criar produções bem contemporâneas.

Apesar disso, justiça seja feita, o ar da graça e a elegância das saias e dos vestidos devem ser respeitados e aproveitados por aquelas que querem ousar na elegância e na feminilidade. E, como a moda se encontra em constante transformação, também se percebe uma tendência em democratizar o uso dessas peças, tradicionalmente relacionadas às mulheres, entre os homens que desejarem vestir saias ou vestidos. Trata-se de uma desconstrução de gênero.

### É CORRETO? É IDEAL?

Sinceramente, essa não é uma questão tão fácil de ser respondida, única e exclusivamente porque vivemos em uma sociedade tomada por grandes paradigmas e tabus, e rompê-los não é uma tarefa tão simples. No entanto, se pararmos para pensar, a democratização da calça – sobretudo da calça jeans – não foi assim tão harmônica e pacífica. Foi preciso a luta e a coragem de muitas mulheres de peso e com muita influência na moda e que compraram essa causa, como Coco Chanel.

Por isso, acredito que essa desconstrução de gênero tende a se tornar uma realidade em pouquíssimo tempo e será cada vez mais comum ver um homem de saia ou de vestido por aí, quer a sociedade aprove ou não.

Nesse caso, o preconceito é a armadilha mais perigosa, cuidado para não cair em situações em que você se posicione apenas por preconceitos retrógrados e cheios de falsas verdades. O mundo evoluiu, as mulheres usam calças, qual é o problema de homens usarem saias, se assim o desejarem e souberem se portar com elas?

O meu objetivo é que você fuja das armadilhas e essa é a primeira delas.

### SAIAS CURTAS OU COMPRIDAS?

Depende de muitos fatores: da situação, do evento, do seu corpo e do look que você compuser. Tanto as saias quanto os vestidos curtos e compridos podem ser usados nas mais diversas situações, basta saber quais são ideais para cada evento. Neste item, no entanto, não entrarei em muitos detalhes, pois falaremos de festas mais à frente, ok? Ficaremos aqui com as roupas do dia a dia.

*Curto*

Saias ou vestidos curtos – na medida certa –, isto é, com os quais você consiga se sentir confortável e que não mostrem partes desnecessárias, como a sua calcinha, por exemplo, devem ser evitados em ambientes profissionais, única e exclusivamente porque não facilitam a sua movimentação no trabalho. Já imaginou ter de abaixar ou se levantar para pegar alguma coisa em uma reunião? Ou então ter de se sentar e se levantar rapidamente? Seria uma ginástica imensa para que você conseguisse não passar por situações constrangedoras e exibir suas partes íntimas.

Além disso, as peças mais curtas achatam a silhueta de quem tem as pernas mais grossas. Caso, ainda assim, você queira usar uma saia ou um vestido curto, opte pelos modelos mais soltos no corpo. Para as mais altas e com as pernas mais longas, o cuidado deve ser tomado para não alongar ainda mais a silhueta, por isso evite saltos muito altos com meia pata quando a peça deixar as suas pernas em evidência.

# Look 13

### ESTAMPAS
*Preste bem atenção à composição de cores. São estampas distintas, mas que criam uma unidade visual que encanta. E esse efeito só foi causado por conta das tonalidades de vermelho e azul.*

### SPIKES
*Os spikes ou tachas voltaram com toda força desde que a marca Valentino começou a usá-los dos tênis às sandálias mais sofisticadas.*

*Sandália rasteira traz mais descontração à composição.*

### *Comprido*

O termo "comprido" quando diz respeito a saias e vestidos pode ser muito relativo para uma mulher. Quem seria capaz de listar as inúmeras variações do comprido de uma só vez? Quer ver? Existe o longo, o longuete, no joelho, e ainda tem o mídi... Para resumir, para ser não ser comprido basta que fique acima do joelho, do contrário o que não é curto pode ser muitas coisas. Vamos então falar um pouquinho de cada uma delas:

### Longo

Longo é tudo aquilo que cobre o tornozelo. Se cobriu, é longo. Não precisa arrastar no chão, mas deve cobrir para poder ser longo. Esse comprimento é indicado para as mais altas e mais magras, mas as mais baixas e mais cheinhas podem usar também. Para as baixinhas, o vestido longo de uma cor só, sem detalhes, pode ajudar a alongar a silhueta. E, para quem está acima do peso, um vestido longo com decote V pode funcionar muito bem.

### No joelho

Como o próprio termo já diz, fica no joelho. Costumam brincar que são as peças que não são curtas nem longas, mas no joelho. São ideais para serem usadas em ambientes de trabalho, com salto alto ou baixo. Para as mais baixinhas e cheinhas, esse comprimento combinado com um salto é capaz de alongar a silhueta, além de dar a ilusão de coxas mais finas: como, normalmente, a parte mais fina da perna está logo abaixo dos joelhos, imagina-se que o resto da perna também seja mais fino.

### Longuete

Costumo brincar que é aquele comprimento que gostaria de ser longo, mas não deu. Fica entre o fim da canela e o começo do tornozelo. Entra e sai de moda com mais frequência que a cintura alta.

A armadilha que vem por trás dessa peça é que ela quebra a silhueta de qualquer uma, tanto das mais baixas quanto das mais altas. Então, se mesmo sabendo disso você deseja usá-lo, opte por um salto mais alto e por acessórios na parte superior do corpo para que você chame a atenção para essa região e diminua os efeitos dessa quebra de silhueta.

### Mídi

Como está em alta esse modelo de saias e de vestidos! Parece que veio junto com a *pantacourt* e promete ficar por um bom tempo – ao menos é o que dizem os fashionistas e estudiosos da moda!

Esse corte fica no meio da canela, diferente do longuete, que ultrapassa um pouco o meio para quase chegar ao calcanhar. Deve ser usado com saltos mais altos e sapatos mais abertos, e fica melhor para quem tem as pernas mais longas e mais finas. As dicas de looks monocromáticos, anabela e tênis com solados mais altos também valem para as baixinhas que pretendem usar esse modelo de saia. Minha sugestão é que você tente e não tenha medo de ousar.

## Look 14

*A jaqueta usada com camiseta básica branca remete aos rebeldes dos anos 1950, um clássico atualizado.*

*A saia reta é outro clássico no guarda-roupa feminino. Uma maneira de deixá-la mais moderna é misturá-la com peças mais atuais. A ideia aqui foi brincar com preto e branco.*

*O tênis trouxe a descontração e jovialidade do visual. Assim como a mochila com aplicação de* patches.

## SAIAS LÁPIS, VESTIDOS JUSTOS

De uns tempos para cá, esse modelo voltou a aparecer e, aparentemente, tem se tornado um clássico do *dress code*. Mas será que é para todos nós? Quais as armadilhas que vêm junto com ele?

Eis um modelo difícil de encaixar em todos os corpos, sobretudo naquele famoso corpo violão e curvilíneo da mulher brasileira, uma vez que põe em destaque todas as suas curvas, até aquelas que você quer esconder. Se você faz o tipo violão, mas ainda assim quer usar esse modelo de saia, opte por aqueles que tenham algum destaque na parte superior da peça, pois assim você consegue desviar o foco do seu quadril.

Agora, se você é do tipo mais magra, alta e com a cintura mais reta, aproveite esse modelo, pois ele deixará o seu corpo mais alongado e gerará a ilusão de que você tem mais curvas. Se a sua intenção for aumentar o volume na cintura e quadril com esse tipo de saia, use camisetas, amarre uma jaqueta na cintura ou coloque um cinto; isso ampliará suas curvas.

## SAIAS RODADAS E COM VOLUMES

Como o nome já indica, essas saias aumentam o volume do quadril e da região da cintura. Então, se você tem o quadril mais largo, evite esse modelo, pois o deixará ainda maior. Para as mais baixinhas, o ideal é que fique na altura dos joelhos, pois, se estiver mais curto, achatará a silhueta.

## A IRREVERÊNCIA DA MINISSAIA

Mary Quant é a responsável pela invenção da minissaia, que recebeu esse nome porque sua criadora gostava do carro Mini. À época, Mary Quant, que vivia na sociedade do pós-guerra, representava uma geração de *baby boomers* que queria mudar o mundo, ser irreverente e criar suas próprias regras. Para Quant, a minissaia era um grito de liberdade, uma vez que permitia às mulheres andar com mais liberdade, correr atrás de ônibus, além de exibir as pernas que há tanto tempo escondia debaixo de metros de tecido. Além disso, ela afirmava que a origem dessa peça era a rua...

André Courrèges, o francês que criou o vestido trapézio, é também considerado o pai da minissaia. Depois dele, em 1965, Yves Saint Laurent e Pierre Cardin criaram coleções tendo a minissaia como peça de destaque.

Desde então, ela nunca mais saiu de moda e continua com o ar de rebeldia de sempre! Ainda bem.

### BRASIL, O PAÍS DO MINITUDO!

O Brasil, como todo mundo sabe, é um país tropical em que predomina o verão na maior parte do ano. E, não por acaso, as roupas tendem a ser mais curtas e mais frescas que no restante do mundo. Para nós, brasileiros, é absolutamente normal ver uma mulher de minissaia, short curto e homens com bermudas.

É uma questão de sobrevivência ao calor, de aceitar as altas temperaturas e colocar à mostra o corpo bronzeado e, em alguns casos, trabalhado na academia para ficar sarado. Gostamos de roupas curtas. Sim. Ponto.

### MAS SERÁ QUE SABEMOS USÁ-LAS?

Tudo mesmo sempre pode ser míni? Da saia, passando pelo vestido, até chegar ao short? Que tipo de armadilha a roupa míni nos reserva?

A maior de todas elas é a de estar inadequada ao evento, à situação. Uma roupa curta, em um ambiente que não aceita roupas nesse comprimento, pode causar um constrangimento gigantesco tanto para quem está usando quanto para as pessoas que estão ao redor. Evite esse modelo em ambientes profissionais, em cerimônias religiosas – independentemente de sua religião –, em determinadas festas. Procure se informar para não errar.

A outra armadilha se refere ao tamanho das peças. Uma peça curta e justa ao extremo não fica bonita em ninguém em nenhuma situação, mesmo na sua casa, porque, além de não ser confortável, marca e divide o corpo. Outro fator é que um vestido curto e justo gera aquele movimento que chamo de *puxa-puxa*: se você tem que ficar puxando a roupa para que ela fique no devido lugar, certamente ela não está bonita no seu corpo.

Com relação ao tipo de corpo, atenção para as pernas mais grossas ou mais finas. Para quem tem as mais grossas, o ideal é não usar roupas muito justas, pois podem apertar demais suas pernas e até machucá-las. Para quem tem as pernas mais finas, atenção para não alongá-las demais com peças muito curtas, se esse não for o seu objetivo.

Parece não ser uma tarefa fácil escolher uma peça na vida sem cair em armadilhas, não é mesmo?

# 8. Comprar, comprar, comprar!

Comprar é uma delícia, pelo menos eu acho. Quem disser o contrário, que não gosta de comprar, ou está mentindo ou conseguiu evoluir seu espírito de tal forma que consegue conviver em uma sociedade voltada para a compra sem praticar esse verbo. Às pessoas que conseguem, verdadeiramente, não conjugar o verbo "comprar", deixo aqui os meus parabéns, pois são mais do que evoluídas, conseguem ultrapassar a fronteira do capitalismo e do consumo consciente. Aqui, a compra se resume ao essencial.

Mas, para aqueles que assim como eu acham que comprar é uma delícia, nada melhor do que saber onde estamos pisando para que as armadilhas do consumo em excesso não tomem conta de nós e transformem a nossa vida em um verdadeiro caos.

Sim, a vida regada ao consumismo desenfreado pode tornar-se um caos, um caminho quase sem volta se você não souber se controlar.

Vivemos em uma sociedade capitalista, na qual tudo é voltado para o consumo, para o descarte imediato de coisas velhas, para o cheiro de novidade a cada lançamento, para a tecnologia que substitui o mesmo item todo ano, para o grupo de amigos que vive para trocar experiências daquilo que consumiu, para o restaurante mais novo e badalado do momento, para a troca de estações, para o entra e sai de moda...

Fatalmente, como você já deve ter percebido ou vivido na pele, as armadilhas que cercam esse sistema são criadas e incentivadas por ele mesmo, mas como escapar delas? Ou melhor, como usá-las a nosso favor? É sobre isso que falaremos neste capítulo: como usar o consumo a nosso favor, de modo consciente, sem ferir os nossos valores, caráter e personalidade.

**VAMOS AO QUE INTERESSA.**

**FALSIFICAÇÃO PARA QUEM?**

Infelizmente, a frase que abre este tópico é muito mais comum e normal do que gostaríamos. Mas o que sempre penso quando vejo algo parecido é: por quê? O que leva alguém a comprar um produto falsificado? Um produto de qualidade inferior só porque imita uma marca consagrada?

Os motivos que justificam essa escolha são muitos e ocupam uma lista quase infinita, mas em geral sempre acabam caindo na mesma armadilha: status. É o desejo de mudar a imagem, de parecer com algo diferente daquilo que se é, de ter algo inatingível, que leva determinadas pessoas a tomar atitudes como essa, de comprar produtos falsificados.

E, a meu ver, essa é uma armadilha muito perigosa, pois pode acabar deturpando a imagem de uma pessoa.

## COMPRAR, COMPRAR, COMPRAR!

É inevitável entrar nesse assunto sem que alguns conceitos polêmicos sejam mencionados, perdoem-me por isso.

No momento em que optamos pela compra de um produto falsificado, estamos, obrigatoriamente, concordando com todo o processo que envolve a falsificação desse item. E, garanto, saber exatamente quais são esses processos pode doer e mudar a nossa conduta para sempre. Estamos concordando com:

> **TRABALHO ESCRAVO:** Na maior parte das vezes, a rede que coordena a falsificação de produtos não está preocupada com leis trabalhistas e condições humanitárias de trabalho. Não vou entrar em detalhes aqui, para não pesar o tom do meu livro, mas basta que você faça uma pesquisa simples na internet para encontrar denúncias desse tipo.
>
> **CRIME ORGANIZADO:** Ora, falsificar um produto é crime, porque se copia sem autorização o que uma marca consagrada criou. Ao consumir esse produto você concorda com esse crime.
>
> **SONEGAÇÃO DE IMPOSTOS:** Nem preciso falar que esse tipo de produção não declara nem paga impostos, né?
>
> **CONTRABANDO:** Mais uma vez, preciso entrar em detalhes sobre como esse produto entra e sai dos países?
>
> **QUALIDADE INFERIOR:** A maior preocupação de quem falsifica um produto é com o lucro e, com certeza, a qualidade não entra no orçamento, uma vez que, quanto maior a qualidade, menor o lucro.

É isso que você quer representar? O seu desejo de querer ser igual a alguém, de querer usar uma marca cara vale tudo isso?

**PENSE NISSO ANTES DE DECIDIR COMPRAR UM PRODUTO FALSIFICADO.**

Se, mesmo assim, depois de tomar consciência de todos esses fatores, você decidir fechar os olhos e comprar um produto falsificado para manter o status do qual deseja fazer parte, é aí que mora a maior armadilha, na minha opinião. E não é porque você decidiu estar nem aí para toda a cadeia que envolve esse processo de falsificação, mas sim porque você decide gastar o seu dinheiro com um produto de qualidade inferior para exibir uma marca que nem é verdadeira.

**VALE A PENA?**

Tendo a acreditar que não. Além de não ser bonito – o original é sempre mais bonito, desculpe –, tem uma durabilidade inferior ao produto de mesmo preço e de uma marca desconhecida que você poderia ter comprado e garantido o uso por um período de tempo maior.

Fique atento a essas armadilhas quando passar pela sua cabeça comprar um produto falso.

## ESTAÇÕES DO ANO CADA VEZ MAIS RÁPIDAS

Em um simples passeio pelo shopping, sinto que a cada ano que passa as estações estão se tornando mais curtas e passageiras. Nem bem entramos no verão, já começamos a ver roupas de inverno. É normal isso?

**NÃO, NÃO É.**

O comércio age dessa forma porque precisa vender, precisa fechar o caixa no azul e manter o consumidor sempre com vontade de estar na moda, de comprar a roupa que deverá ser usada no inverno, mesmo que os termômetros insistam em continuar marcando 30 graus em julho.

### *Como fugir das armadilhas da vitrine?*

O mais fácil é evitar ir ao shopping no período estabelecido no calendário de troca de estações. Como eu sei que é uma tarefa quase impossível, o ideal é que você mantenha o seu bom senso sempre alerta e em bom funcionamento.

- → Se não está precisando de uma peça nova, não compre.
- → Se é uma peça que começou a aparecer na televisão, mas você ainda não tem certeza se gostou e se usaria, não compre.
- → Se está acima do seu orçamento, não compre.
- → Seja sincero com você, aguarde o momento ideal para ir às compras, pois, mesmo que as lojas tentem mudar as suas sensações térmicas, você não conseguirá usar um moletom a

30 graus, mesmo que já estejamos em julho. Aguarde que as temperaturas caiam para que você reveja o que seu guarda-roupa está precisando.

→ Esteja além da moda.

**LIQUIDAÇÃO: QUERO TUDO!**

Liquidação parece ter uma magia, uma força que atrai qualquer pessoa para dentro de uma loja, ainda mais se estiver acompanhada de *descontos acima de 50%, leve dois, pague um, a terceira peça é de graça*. Meu Deus, como essas frases têm poder! Brincadeiras à parte, todo cuidado é pouco quando o assunto é liquidação. Elas são uma armadilha pronta se você não estiver no domínio da situação e do seu guarda-roupa.

Portanto, para transformar a liquidação em uma arma preciosa para a nossa produção, é preciso informação, é preciso que você saiba exatamente como anda o seu guarda-roupa, o que falta, o que você precisa, mas não conseguiu comprar porque faltou dinheiro, o que você gostaria de ter, mas teve dó de comprar.

Quando chega o período das liquidações – em geral a cada troca de estação são feitas grandes queimas de estoques –, o ideal é que você dedique um tempo para organizar o seu guarda-roupa, fazer uma limpeza, ponderar o que você usa e não usa, ver o que falta e o que você precisa, e só, então, com isso tudo em mente, sair à procura da liquidação perfeita.

Dessa maneira, você pode se dar ao luxo de ir até aquela loja mais cara, na qual jamais entraria se não fosse período de promoção, e aproveitar para se presentear, para comprar a peça que você tanto sonhava e gostaria de ter.

Aí, sim, as liquidações valem a pena! Do contrário, só servem para iludir e fazer com que você compre sem saber se realmente precisa.

### CUIDADO COM O FALSO VENDEDOR

Nem todo vendedor mente só para concluir uma compra e ganhar uma comissão, mas aqueles que o fazem são a espécie mais perigosa que pode existir em uma loja de roupas, acessórios e sapatos. *Ficou ótimo, vai soltar daqui um tempo!* Isso pode ser um veneno para os nossos ouvidos.

### COMO FUGIR DESSAS SITUAÇÕES?

Vá às compras munida de informações sobre aquilo que você deseja, sobre aquilo que seu corpo aceita e sobre como destacar seus pontos fortes. Se preciso, leve alguém de sua confiança junto, uma amiga ou sua mãe, mas peça que elas sejam sinceras o suficiente para não caírem junto com você na armadilha do vendedor.

A pior parte de ser assim, se nos consola de alguma forma, é que essas pessoas agem contra elas mesmas, uma vez que uma mentira não dura muito tempo e os clientes, ao descobrirem, acabam deixando de ir àquela loja porque não querem ser enganados novamente. Se você é vendedor, pense nisso, pois essa armadilha pode se virar contra você. Mais vale ser sincero – com cuidado e sem ofender ninguém – do que não fidelizar um cliente.

### *DIGITAL INFLUENCERS* E FAMOSOS

É comum no meu trabalho ouvir as seguintes frases: "quero ter a roupa de fulana", "quero ficar igual a sicrana", "quero meu cabelo daquele jeito", "meu guarda-roupa dos sonhos é o de fulana da novela"... Em diversas situações, me vejo como o verdadeiro vilão da vida de algumas pessoas. No entanto, o meu papel é alertá-las, fazer com que fujam dessa armadilha irreal da vida da televisão e da internet.

Vamos parar para pensar um pouco: você quer mesmo ser a cópia de uma pessoa que nem conhece? Que não tem o corpo parecido com o seu? E, ainda por cima, que tem uma equipe gigante que a acompanha para que ela fique daquele jeito?

Acredito que não valha tanto a pena. Pode ser uma armadilha das mais frustrantes você tentar ser igual a alguém. Por isso, tenha essas pessoas como inspirações, como guias para você criar o seu próprio estilo. Isso, sim, será proveitoso e fará com que você fique mais feliz e autêntica; mas, para tanto, mais uma vez eu digo que é preciso que você se torne amiga do espelho e conheça o seu corpo e a sua personalidade.

### QUAL É O PRAZO DE VALIDADE DAS MINHAS ROUPAS?

Roupa tem prazo de validade? Posso sair por aí comprando e acumulando coisas para estar sempre na moda?

### SIM. E NÃO.

As roupas têm, sim, um prazo de validade. Com raras exceções para os modelos mais clássicos, que nunca saem de moda – sobre eles já falamos bastante no *Nada para vestir* –, as outras peças vencem ou porque não estão mais na moda ou porque já ficaram velhas demais para que você as continue usando. Porém, antes de se desfazer de uma peça, pense no ressignificado dela, como tanto falei no começo deste livro.

Tornar-se um acumulador pode ser uma armadilha cruel, uma vez que peças em excesso podem camuflar a sua visão e impedir que você realmente enxergue aquilo que gostaria de vestir. Isso cria uma bola de neve sem fim, fazendo até com que você se torne uma pessoa sem estilo e personalidade.

Como já sabemos que falta de estilo e personalidade são exatamente o contrário do que você procura, evite acumular coisas, roupas, sapatos, acessórios. Isso não é bom nem para você nem para o meio ambiente.

*A ideia aqui é fazer você pensar fora de sua zona de conforto. O vestido usado como colete pode dar uma bossa ao visual.*

## Look 15

*A calça texturizada entrou em harmonia com a estampa do vestido.*

*E os pontos em rosa permite a composição como fizemos com o scarpin.*

Para fugir da armadilha do prazo de validade, alguns exercícios simples podem ajudar:

> *Mantenha o guarda-roupa sempre arrumado.*
>
> *Tudo tem que caber dentro do seu guarda-roupa.*
>
> *Se comprou uma peça nova, desfaça-se de uma antiga.*
>
> *Doe suas roupas para as pessoas que precisam.*
>
> *Antes de comprar uma peça nova, veja se há necessidade de adquiri-la.*

Deve estar rondando a sua cabeça uma única pergunta que pode ir contra tudo o falamos nesse item: como ficam as peças que voltam a ser usadas? Que voltam a ficar na moda?

Bom, com relação a isso já nos resguardamos com as peças clássicas com o *Nada para vestir*. Guarde essas peças sem culpa e, se acontecer de alguma peça que, por ventura, você se desfizer para abrir espaço no guarda-roupa voltar a ficar na moda, e você no futuro sentir necessidade, vontade de usar, é só comprar outra em um brechó. Sabe aquela história de que a roupa também conta experiências? É isso!

### VIROU TENDÊNCIA, VIROU CHIQUE!

A onda de consumo consciente e repaginação de peças de coleções anteriores em coleções atuais fez com que o movimento dos brechós aumentasse nos anos 2016 e 2017. É uma boa opção para quem quer comprar peças mais clássicas e reaproveitar o que já foi usado, mas sempre leve em consideração o mesmo que já aprendeu quando o assunto é roupa nova: conheça o seu corpo e o seu guarda-roupa.

Outro aspecto interessante é que alguns brechós compram peças em pequenas quantidades de qualquer pessoa, vale você fazer uma visita tanto para comprar quanto para garantir um dinheirinho extra com a limpeza do seu guarda-roupa.

Ah, mais um detalhe: sabe aquele seu desejo de comprar uma roupa de marca? Os brechós podem ser uma saída mais em conta e ainda garantem que a peça seja original. Pense nisso antes de optar pela falsificação logo de cara.

## LOJAS DE DEPARTAMENTO: MODA PARA TODOS

Graças a Michelle Obama, ex-primeira-dama dos Estados Unidos, as lojas de departamento caíram no gosto de todos, até daqueles mais quadrados e fechados que acreditavam que um look só era bonito se fosse de alta-costura.

Todo o nosso agradecimento a Michelle Obama, que continua a esbanjar estilo. E, se por um lado essa abertura e aceitação das lojas de departamento é maravilhosa, porque fazem peças mais baratas e que estão na moda, há muitas armadilhas que acompanham esse tipo de loja. Por isso, é ideal que você as conheça para que possa fugir delas:

- → Roupas são feitas em grande escala. A menos que você não se importe em encontrar muitas pessoas usando uma roupa igual a sua, é melhor optar por peças com menos detalhes nessas lojas.

- → As opções são muitas. O ideal é você conhecer o seu corpo e saber o que precisa para não fazer compras desnecessárias.

- → Nem todas as peças têm uma qualidade impecável, então atenção na hora da decisão.

- → Tenha em mente que a durabilidade não é o forte de uma roupa de lojas de departamento.

Sabendo de tudo isso, vá em frente. Essas lojas são ótimas e merecem respeito de todos nós, consumidores, uma vez que democratizam a moda.

## MENOS É MAIS!

Com certeza essa é uma frase que deveria orientar o consumo (in)consciente de todos nós, já que nem sempre quantidade é sinônimo de qualidade. Tente trabalhar a sua cabeça para entender como deve funcionar o seu guarda-roupa, como deve ser o seu sistema de compras de roupas.

Afinal, de que adianta estar na moda se você não consegue sair de casa para exibir seu look?

Organizar-se financeiramente para ter um pouco para gastar com você, com aquilo que você gosta e quer ter. Isso é muito bom e faz você se sentir melhor.

As compras parceladas valem mesmo a pena?

É esse tipo de informação que você deve buscar antes de fazer uma compra imensa de peças que estão na moda em uma estação, mas que na outra podem não estar. Por exemplo, você não precisa ter cinco peças do mesmo modelo de cores diferentes só porque está na moda, mas você precisa ter uma bela calça jeans e uma linda camisa branca de qualidade, pois com essas duas peças você consegue estar bem-vestida para muitas situações.

Trazer a moda para sua vida real, aliada à sua situação financeira e personalidade, é o objetivo do próximo capítulo. Ficou curiosa?

# 9. Vestir-se bem na vida real

# EU QUERIA TER UMA EQUIPE CUIDANDO DE MIM!

---

É bem comum ouvirmos algumas pessoas dizendo: "Ah, seu eu tivesse uma produção por trás de mim, alguém que escolhesse meus looks, alguém que me ajudasse a fazer compras, tudo seria diferente!". Sim, seria, não tem como negar. Mas você já parou para pensar que é possível, sim, nos vestirmos bem e nos sentirmos ótimos sabendo usar o que temos ao nosso alcance e a nosso favor?

Na verdade, o desejo de termos alguém que nos trate como se fôssemos famosos ou personagens de novelas acaba sendo quase que um sentimento de comodismo aliado ao conformismo de que não somos capazes de mudar o nosso jeito, o nosso perfil e a nossa relação com o nosso corpo, a moda e a nossa personalidade.

Rejeitamos aquilo que mais gostaríamos de ter, de ser, de fazer com o desejo de termos alguém que faça por nós. Chega a ser um pouco incoerente e quase beira o setor dos sonhos impossíveis de serem realizados. E sinto lhe dizer que não costumo trabalhar com o setor de sonhos que não se realizam.

Então, pare de desejar que alguém faça por você e comece a agir. Liberte-se dessa armadilha que a impede de mudar tudo o que você gostaria no seu corpo porque não tem quem o faça por você, por se distanciar cada vez mais da sua vida real para tentar ter uma vida que não é sua e não se aproxima de você.

Essa é a primeira regra para nos livrarmos da armadilha de *termos uma produção que faça tudo por nós*.

Para entender melhor essa relação de não ser possível querer ser outra pessoa, ou ser igual a outra pessoa, basta inverter a situação: tente imaginar que existe alguém que se projete tanto na sua imagem a ponto de querer ser como você. Certamente, você deve ter se sentindo mal ao imaginar que alguém queira ser como você e tente justificar que um dos preços de ser famoso é que as pessoas começam a querer ser iguais a você. Concordo e discordo. É impossível sermos iguais pelo simples fato de que somos diferentes uns dos outros.

O seu corpo é seu e de mais ninguém. A sua personalidade é só sua. Os seus gostos pessoais são só seus. De nada adianta querer copiar alguém se o seu objetivo – e eu desejo que não seja – não é abrir mão da sua personalidade, da sua essência, de quem você realmente é.

Portanto, se conheça para que você possa se inspirar em quem admira para dessa forma construir, moldar e modificar a sua aparência. Só depois de se conhecer é que você conseguirá trazer para a vida real todo o estilo e todas as roupas, looks e acessórios que farão parte do seu dia a dia.

### ADEQUANDO SEU ESTILO À ROTINA

Depois de ler este livro até aqui e ter relido – ou lido – o *Nada para vestir*, acredito que já consiga responder qual é o seu estilo.

E não me refiro a saber definir o estilo como básica, chique, esporte ou qualquer outra tribo que você conheça, mas sim saber dizer quais peças de roupa lhe agradam mais e ficam melhores no seu corpo. Isso você consegue dizer com propriedade.

Agora vamos entender como é que você deve moldá-lo conforme a sua rotina, o seu dia a dia, à sua vida real. Para escrever este item, procurei me pautar por alguns questionamentos que faço a mim mesmo e que observo entre algumas participantes do *Esquadrão da moda*.

Uma dúvida comum entre todas elas, e certamente entre você também, diz respeito à definição de roupas que podem e devem ser vestidas em todas as situações. Isto é, posso sempre me vestir da mesma forma, não importa a situação? Posso ir de um lugar a outro com uma única roupa sem que eu me sinta desconfortável em algum deles?

Vamos descobrir que há algumas possibilidades que podem aproveitar uma única peça de roupa para vários lugares e situações, mas há outras que pedem um cuidado maior, uma preparação e um estudo do evento para que você não erre na escolha e não se sinta deslocada ou desconfortável.

### *Ambiente de trabalho*

Não existe nada mais constrangedor que não se vestir adequadamente em um ambiente profissional, ainda mais se for nova no pedaço. Para que isso não aconteça e você se sinta parte integrante, o mais indicado é que procure se informar e até mesmo observar como as pessoas costumam se vestir.

É ideal que você esteja em sintonia com os seus colegas de trabalho para que consiga manter com eles um tom de igualdade para que, em seguida, consiga chamar a atenção para as suas qualidades tanto profissionais quanto pessoais e comportamentais. Caso você seja nova, procure se informar no RH. Em geral, esse departamento deve saber orientar como os funcionários devem se vestir.

De modo mais amplo, algumas posturas e escolhas valem para qualquer ambiente profissional – do mais descontraído ao mais sério:

→ Evite roupas justas e curtas demais, elas podem deixá-la desconfortável em muitas situações, impedindo que você concentre sua energia em algo que realmente valha a pena. Outro fator é que você pode passar a impressão de *necessidade de chamar a atenção* ou *pouco caso com o local de trabalho*, por mais cruel e injusto que isso possa parecer. Tenha cuidado com a imagem que transmite aos seus colegas de trabalho.

→ Roupas sujas e amarrotadas podem indicar sinal de desleixo e descaso. Isso, apesar de não ser totalmente comprovado, pode dificultar um pouco que suas capacidades profissionais sejam bem-vistas e aquele cargo ou promoção tão sonhados podem acabar não acontecendo.

→ Usar roupas sociais quando o ambiente é mais descontraído pode indicar que você ainda não entendeu o lugar onde trabalha ou não faz questão de se adequar. O contrário, vestir-se descontraído demais em ambientes mais sociais, também vale.

*Faço parte de uma tribo ou não!*

Sou roqueiro. Sou funkeiro. Sou pagodeiro. Sou punk. Sou…

Você pode ser o que bem entender, o que mais lhe agradar e o que você quiser. Lembre-se de que o corpo é seu, as regras são suas.

Mas tenha cuidado, pois algumas decisões de estilo dizem respeito à escolha de roupas, seja de cores, tamanhos, estilos e estampas, e quando você decide ser parte de uma tribo entende-se que você gosta das roupas e das opções feitas pelo grupo. Portanto, deve usá-las da mesma maneira, para que seja identificada como integrante daquele determinado grupo.

Não há mal nenhum nisso, contanto que você entenda que em alguns momentos e ambientes não será possível estar vestido conforme manda o figurino da sua tribo. Por exemplo, imagine como seria se todos os funcionários de um banco decidissem se vestir seguindo os padrões de cada uma de suas tribos. Ficaria um tanto quanto difícil identificá-los – para quem está de fora – e poderia causar certos problemas de trabalho por sabermos que nem todas as tribos convivem em harmonia.

Sabendo disso, e conseguindo migrar de um lugar para outro, continue sendo como você quiser. E nada impede que você seja de várias tribos, que transite entre vários grupos, mas aqui vale lembrar que, no trabalho, o que vale é o estilo da empresa, a forma como ela opera.

### *Cabelo, cabeleira*

Meu cabelo é uma coisa, minha roupa é outra, Arlindo! Não interfira nesse setor. Sim, concordo. Mas, a partir do momento que o seu cabelo passa a integrar o seu estilo, ele passa a fazer parte total das suas roupas. Não é possível separá-los. Por isso, mudanças radicais, sobretudo as que são relacionadas às cores, devem ser muito bem planejadas e pensadas.

## SERÁ QUE UM CABELO COLORIDO SERÁ ACEITO EM MEU AMBIENTE DE TRABALHO?

Se a resposta for sim e você gostar, ótimo, vá em frente. Não há armadilha nisso.

Mas se a resposta for não, cuidado. Essa é uma armadilha quase irreversível, uma vez que se trata de uma mudança que só será desfeita a longo prazo: quando o seu cabelo crescer ou quando você conseguir pintar de novo. Conheço a química e os processos, mas não vou entrar nesse campo porque não é o objetivo deste livro.

Se a sua vontade for incontrolável, use o período das férias e opte por tintas que não sejam permanentes para ousar nessa modificação. Consulte um especialista.

### *Do trabalho à balada*

Se você mora em uma cidade grande, com certeza já passou por situações de ir direto do trabalho para uma balada, ou para um encontro com os amigos ou namorado.

E como todos merecemos uma saidinha de vez em quando – ou sempre, se você decidir –, é ideal que o seu look do trabalho esteja também adequado ao seu look pós-trabalho, com pezinho na balada ou no barzinho.

Mas, Arlindo, como isso é possível se eu trabalho em um lugar superformal e não me sinto bem usando roupas sociais na balada ou no bar?

## É MUITO SIMPLES!

Basta que use a criatividade para transformar esse look mais sério em algo mais descontraído, lançando mão de um acessório mais impactante ou até mesmo levando uma peça de roupa para se trocar. Por que não? O importante é que você se sinta bem e não deixe de sair porque terá de voltar para casa para se trocar. Prioridades acima de tudo.

### *Festa da empresa*

Um simples evento de trabalho pode se transformar em uma terrível armadilha se você não conseguir entender qual é a ocasião, qual o tipo de roupa esperado e como deve se comportar. Querendo ou não, trata-se de uma festa de trabalho e, certamente, seu último desejo é causar uma impressão errada ou ruim sobre você, não é mesmo?

Por esse motivo, procure informar-se sobre o evento, converse com as pessoas que também irão e, se ainda assim continuar insegura, mostre a roupa que você escolheu para algum(a) colega que seja mais próximo(a) para saber o que acha da sua decisão.

Nesse caso, a armadilha pode ser você pecar tanto por ter escolhido uma roupa exagerada quanto por escolher uma simples demais. Nos dois casos, não ficará à vontade e vai querer se esconder embaixo da mesa ou ir embora, o que, de fato, não é uma opção.

**INFORME-SE PARA NÃO ERRAR.**

*O tomara que caia deve acompanhar o desenho do colo, mas para a maioria das mulheres ele tem que ser mais estruturado.*

**Look 16**

*O tule usado em vestidos de festa com bordados e aplicações fica bem sofisticado.*

Lembre-se de que no dia seguinte você se encontrará com essas pessoas e que um passo a mais no caminho do descontraído pode levá-la a uma situação de falta de credibilidade.

## CASAMENTOS E FESTAS

Eu poderia fazer um livro só para falar de festas e casamentos. Sério, como é difícil pensar em um look para casamento ou festas mais sociais. É difícil porque as chances de cairmos em armadilhas são muito grandes se não procurarmos nos informar sobre como será o evento, se mais chique ou mais simples. Na maioria das vezes, todas as armadilhas estão relacionadas à falta de comunicação ou informação por parte dos convidados e dos donos da festa.

Se você for o anfitrião, procure informar e ser bem claro com os seus convidados. Defina no convite como deve ser o *dress code* para que o seu objetivo seja atendido.

### DEFINIÇÕES DE TRAJES DE FESTA

Se há uma classificação que parece ainda não ter entrado em acordo entre as pessoas é a que diz respeito aos trajes de uma festa. Para acabar com isso, tente se orientar com este pequeno guia a seguir. Mas, acima de tudo, use o seu discernimento para escolher o look ideal para uma festa. Pense que tudo aquilo foi pensado para você e o mínimo de retribuição é que você esteja à altura da festa.

## TRAJE ESPORTE

*Tipo de evento:* almoços, exposições, churrascos, batizados, festas infantis.

*Clima:* simples e informal. Significa uma roupa descomplicada.

*A roupa certa:* peças avulsas como saias ou calças da estação + *t-shirt* ou suéter coloridos; terninhos esportivos, vestidos de alcinhas; ou calça + camisa branca; calças cápri.

*Tecidos:* crepes, algodões, linhos, tecidos com *stretch* (verão); veludos, malhas, camurças (inverno).

*Acessórios:* esportivos como sapatilhas, botas, sandálias baixas; bolsa maior.

## TRAJE PASSEIO, ESPORTE FINO OU *TENUE DE VILLE*

*Tipo de evento:* almoços, vernissages, teatro.

*Clima:* um toque de formalidade.

*A roupa certa:* blusas, túnicas, calças mais caprichadas; vestidos; *tailleurs* ou terninhos.

*Tecidos:* algodões, microfibras, jérseis (verão); veludos, camurças, malhas, sedas (inverno).

*Acessórios:* sapatos ou sandálias de salto e bolsa maior para o dia ou pequena para a noite. Belas bijuterias.

## PASSEIO COMPLETO OU SOCIAL

*Tipo de evento:* jantares, coquetéis, óperas, casamentos, comemorações oficiais.

*Clima:* formalidade total. É hora de festa fina.

*A roupa certa:* vestidos curtos com detalhes de brilho, decotes, fendas e transparências; paletó + saia ou calça de tecidos nobres.

*Tecidos: georgettes, chiffons*, musselinas, *shantungs*, rendas.

*Acessórios:* sapatos ou sandálias de salto. Xales, echarpes e bijuterias ou joias vistosas. Maquiagem mais nítida.

## TRAJE *BLACK-TIE, TENUE DE SOIRÉE* OU RIGOR

*Tipo de evento:* noites de gala, bailes, grandes premiações.

*Clima:* de requinte, sofisticado. É hora dos vestidos de baile, o clima é de sedução.

*A roupa certa:* vestidos longos ou curtos muito sofisticados. Decotes, transparências, brilhos, bordados preciosos.

*Tecidos:* poderosos, como brocados, tafetás de seda, *shantungs*, zibelinas, rendas, *georgettes*.

> ***Acessórios:*** sapatos ou sandálias de salto bem altos. Estolas, casaquinhos preciosos, peles etc. Joias ou bijuterias muito especiais.

### *Madrinhas*

O cuidado deve ser ainda maior no caso de você ser madrinha em um casamento. O erro nesse caso ficará em evidência para todos os convidados, além de entristecer e irritar a noiva. Não é isso o que você quer, não é?

Além de não se recomendar o uso do branco, procure manter um diálogo com a noiva. Veja o que ela pretende que as madrinhas vistam. Está cada vez mais comum – céus! – que as noivas decidam o que as madrinhas devem usar. Embora não concorde inteiramente com isso, cada um sabe aquilo que faz no próprio casamento. Então siga o que a noiva decidir e você não vai errar.

### *Cores inadequadas*

Acho difícil dizer que existem cores inadequadas, uma vez que dizem respeito à decisão e ao gosto pessoal de cada um. Mas, apesar disso, em alguns momentos, muitas cores podem destoar da ocasião e da opção feita pelos anfitriões. Informe-se para não errar, ainda mais se você for uma convidada que ocupe certo destaque na vida e na festa dessa pessoa.

Nesses casos, qualquer cor pode ser um erro, ser uma armadilha, por isso a informação deverá ser sua maior aliada.

### *NAIL ART* PARA QUÊ?

A não ser que você tenha menos de 10 anos, não recomendo a *nail art*. Para quem não sabe, *nail art* nada mais é que arte na unha. No português bem claro, são aqueles desenhos e adesivos que inventaram de colocar na unha das mulheres. Há quem ache bonito.

Se mesmo assim você quiser usar essa unha, faça isso nas férias ou nos fins de semana e já tire em seguida. Chamam muita atenção. A não ser que esse seja o seu ofício, aí vale a pena usar a criatividade para que as suas clientes se inspirem no que você faz.

### *Cor do esmalte*

Já que entramos nesse assunto, por que não falar dos esmaltes? Acredito que o tempo de sair por aí tachando mulheres porque usavam esmaltes escuros e extravagantes já passou – ainda bem! Hoje em dia, época mais democrática e aberta, as mulheres podem pintar as unhas com as cores que elas bem entenderem. Ou, simplesmente, não pintar.

Mas atenção: uma vez pintada, nada de sair por aí com as unhas com o esmalte descascado, porque essa pode ser uma armadilha perigosa para sinalizar falta de higiene e descaso com a sua aparência. Com a tecnologia tão próxima, você pode remover o esmalte em um piscar de olhos e, novamente, pintar as unhas em outro segundo. Isso é fabuloso.

## ACESSÓRIOS

Você já deve ter ouvido – e muito – falar que um acessório é capaz de mudar uma roupa por inteiro. Sim, essa afirmação é verdadeira. Os acessórios são tão poderosos quanto as grandes marcas no mercado da moda. E nesse ponto não importa se são joias ou bijuterias, contanto que sejam adequados à sua roupa e à sua personalidade.

Ter bom senso e saber jogar a seu favor, sempre tendo como referência o espelho, é a melhor opção no caso dos acessórios, que também oscilam conforme a estação.

*Sapatos e bolsas também entram nesse item,* **ATENÇÃO.**

### *Máxi tudo!*

Essa é a onda do momento. O colar é grande, o brinco é grande, o anel é grande. E agora? Uso tudo junto ou escolho? Há quem use junto, colar e brinco grandes, e fica bom. Mas é aquele velho ditado: uma roupa não é nada sem um acessório, mas um acessório também não é nada sem uma roupa. Por isso, para dizer se um acessório vai bem com um look, é preciso saber qual é esse look e para qual ocasião ele se destina, além de entender a sua personalidade.

Esses brincões e colares gigantes estão em alta. Então, se você é do tipo que gosta de extravagâncias, não tenha medo de compor um look que combine os dois, que exclua ou que os case com outras produções.

### Lenços e echarpes

Um lenço pode ser usado de mil e uma maneiras. Já cansei – e você também já deve ter se cansado – de assistir à tutoriais no YouTube com dicas sobre como usar um lenço. Minha dica: use-o como quiser; eles costumam ficar bem em qualquer look mais básico, mostrando que você ousou e procurou dar um toque mais moderno no seu visual.

Já as echarpes e estolas, reserve-as para as ocasiões mais sociais, que acompanham um vestido mais fino. Cairão melhor.

### Bolsas

A bolsa de uma mulher é a bolsa de uma mulher. Elas são lindas e dão o tom da sua roupa. Variam de cores, tamanhos e formatos. Como então saber escolhê-las para as ocasiões certas?

Costumo partir de um ponto de referência: a necessidade. E, depois disso, jogamos com o seu gosto pessoal.

**VAMOS LÁ:**

*Dia a dia:* Se você vai passar o dia todo fora de casa, deve carregar muitas coisas, várias bolsinhas dentro de uma única bolsa e ainda a sua carteira. O ideal é que essa bolsa seja média ou grande. A cor e o material ficam a seu critério. A única armadilha é que se for colorida ou estampada demais provavelmente não ficará bem com todas as suas roupas.

***Festas:*** Você carrega maquiagem, documentos, celular e chave. Uma coisa ou outra no máximo. Logo, opte pelas bolsas menores. São mais delicadas e atendem aos quesitos solicitados nos trajes mais sociais. Não tem erro.

***Balada:*** Procure usar bolsas médias para que você não carregue tanto peso. Diferentes das bolsas de festas, as bolsas de balada podem ser um pouquinho maiores e mais esportes também. Aproveite para ousar na cor e no formato. Correntes e alças podem ser mais práticas.

Case o seu estilo com a sua bolsa preferida. Certamente a combinação será positiva e você não vai errar. Fuja das armadilhas do consumismo e procure ter uma bolsa boa, bonita e mais neutra que você possa usar com tudo. E só a troque quando estiver mesmo precisando de uma nova. Você economiza e acaba conseguindo impor mais estilo às suas roupas.

### *Sapatos*

Eis um ponto que é senso comum entre as mulheres: todas gostam de sapato. E não é para menos: esse é um acessório que complementa o look. O sapato é uma ferramenta poderosa que, se não for bem usada, acaba se tornando uma terrível armadilha. Ele tanto pode acabar com o seu vestido de festa, como pode dar o charme que faltava para aquela sua calça *flare* velhinha que estava esquecida no fundo do armário.

Entenda melhor cada tipo de salto e cada formato de sapato para poder compor suas misturas com mais segurança.

*O vestido mais curto também atende a compromissos mais formais, como casamentos, festas de 15 anos, aniversários.*

**Look 17**

*O bacana é procurar velar e mostra na medida. O vestido é curto, tem transparências, o comprimento não é micro e as mangas mais longas brincam com o vela e revela.*

*O bordado traz o DNA de sofisticação. O verde é uma cor que cai muito bem nesses modelos.*

## VESTIR-SE BEM NA VIDA REAL

*De modo geral, os sapatos podem ser classificados em:*

| SANDÁLIAS | MOCASSINS | SALTO ALTO |
|---|---|---|
| BOTAS | RASTEIRAS | SALTO BAIXO |
| SAPATILHAS | PLATAFORMAS | TÊNIS |

Depois, dentro dessa classificação maior, podemos encontrar diversas outras variações. Porém, se você souber migrar de um para o outro, com certeza saberá escolher o modelo – e a variação – que mais se adéqua ao seu estilo de vida e à roupa que você escolheu.

De nada adianta eu dizer que determinado modelo fica feio com uma roupa ou fica melhor com outra se ele não tiver nada a ver com a sua vida. Você é quem deve saber como se orientar com o que já falamos sobre armadilhas nos itens anteriores. Por exemplo, lembre-se de que a calça *flare*, na maioria das vezes, exige salto; vestidos de festa, exigem saltos ou rasteiras com elementos etc.

Definir como lei o tamanho do salto não é o ponto deste livro, que preza pela construção de uma autoestima mais forte e cheia de segurança.

Algumas armadilhas, no entanto, podem ser evitadas se você tiver conhecimento dos pontos a seguir:

→ *Chinelo fica melhor na praia, dias de sol, piscina, passeios descontraídos.*

→ *Rasteirinhas são chinelos arrumadinhos. Portanto, pós-praia, domingo à tarde, cinema, cervejinha com os amigos.*

## A ONDA DO CONFORTO

De 2016 para cá, ficou bem evidente o quanto passamos a prezar pelo conforto na moda. Virou quase uma obrigação sentir-se confortável. Então, surgiu a onda dos tênis. Agora é possível usar tênis em todos os lugares e situações e com qualquer roupa – na teoria.

Mas minha pergunta é: sempre devemos prezar por esse conforto?

Será mesmo que tudo fica bom com tênis? Será que qualquer tênis, a qualquer hora, pode ser usado com qualquer look?

Receio dizer que não. É preciso ter muito cuidado com essas ondas da moda, porque elas simplesmente começam e depois vão embora e nós não deixamos de usá-las. Definitivamente, os tênis vieram para ficar. Hoje, todas as marcas, das mais luxuosas às mais populares, têm seu modelo de tênis. Isso prova que nós, consumidores, adoramos comprar uma tendência da moda que se encaixe perfeitamente ao nosso dia a dia. Ouse, permita-se sair da sua zona de conforto e monte produções arrasadoras com tênis.

Tente ponderar o que faz você se sentir bem, confortável, segura e satisfeita ao mesmo tempo. Não mude o seu estilo apenas porque tênis está na moda. É possível a imagem não seja a melhor de todas.

E, além disso, nem todo tênis se enquadra nessa onda. Vá sair com um vestido e um tênis surrado de corrida para você ver o que acontece... Talvez o resultado não seja o melhor de todos.

**SAIA PLISSADA**

*A saia plissada mídi caiu no gosto da mulherada. Eu adoro esse modelo porque além de sofisticado, traz um ar mais vintage, mais retrô ao visual. A peça pode ir do trabalho à festa, dependendo dos complementos.*

*Look 18*

*A ideia é dar um toque lúdico e divertido à produção. O tricô com aplicação nos tons da saia traz uma unidade entre as peças.*

**ATENÇÃO**

*porque a saia mídi pode encurtar a sua silhueta visualmente. Então, se não quiser ficar mais baixa, invista em saltos adequados à ocasião ou em tênis, oxfords que tenham um solado mais grosso, tipo o clássico Prada.*

*Já a mule estilo bailarina inspirou a Flavia a subir e flutuar.*

## ESTOU EM UMA ARMADILHA

Arlindo, não teve jeito, eu me informei, falei com as pessoas ao meu redor, troquei informações, mas mesmo assim acabei errando. Estou em uma armadilha e não vejo saída para ela. O que faço agora?

É possível, bastante possível, que isso aconteça. Afinal, somos seres humanos e cometemos erros e enganos todos os dias. E, com as nossas roupas, sapatos e escolhas pessoais que compõem a nossa imagem, esses erros acabam ficando ainda mais em evidência.

Para esses casos, há duas soluções:

→ *Tentar corrigir o erro. Trocar a roupa, mudar o batom, tirar um acessório.*

→ *Aceitar o erro, relaxar e curtir a festa e, depois, pedir desculpas – se achar necessário – ao dono da festa. No trabalho, talvez você não tenha tempo para desculpas.*

A decisão deve ser sua, mas eu costumo ser do time que leva a segunda opção mais adiante. Errou, paciência, vida que segue, em uma próxima oportunidade reparamos esse erro. Ninguém vai morrer porque não está com a roupa adequada em uma festa. Aproveite e mantenha-se segura de si para que a situação não fuja do controle.

Saber encontrar o controle de uma situação, tornando-se a melhor amiga e companheira de sua imagem é o meu objetivo com este livro. Como conseguir moldar e fortalecer a sua autoestima, garantindo segurança e autoconfiança? Acredito que a escolha da sua roupa, o jeito que você se veste e o jeito como você se posiciona dentro dela possam ser o começo para esse grande processo de autoconhecimento.

O QUE VOCÊ ACHA? VENHA DESCOBRIR
COMIGO NAS PÁGINAS FINAIS!

# 10. Você é linda!

# PARE DE SE DETONAR

---

Vamos! Pare com isso de uma vez por todas.

Sei que não é fácil. Muitas vezes, enxergamos mais os nossos defeitos do que as nossas qualidades e pontos fortes. Mas por que fazemos isso? Sinceramente, eu também não entendo. Às vezes, também me pego nesses momentos.

A tendência é sempre falarmos mais daquilo que precisamos mudar, daquilo que não gostamos. Estamos sempre precisando perder 2 quilos, mudar o corte de cabelo, fazer as unhas ou mudar o design da sobrancelha.

Isso é ou não é uma tremenda armadilha? É ou não é se perder no meio de uma selva desconhecida?

Acredito que sim. Ao mesmo tempo, consigo entender que essa seja a nossa defesa, equivocadamente, disfarçada de arma. Sim, equivocadamente, porque ao falarmos só daquilo que queremos mudar não paramos para encontrar a saída para nos livrarmos da selva e das armadilhas que nos cercam.

**ENTÃO, VAMOS PARAR?**

## FAZENDO AS PAZES COM O ESPELHO

De nada adianta você seguir as minhas dicas à risca, entender que calça *flare* pede salto, minissaia não é adequada para todos os ambientes, que roxo pode ficar lindo com verde e que eventos sociais exigem que você se prepare conforme o que foi estabelecido pelo anfitrião, se você não confiar na sua imagem. De nada, nada mesmo, adianta tudo o que aprendemos até aqui.

Comece um namoro com o espelho. Um namoro mesmo, daqueles que ainda estão no início e trazem o calor da paixão, quando tudo é lindo e maravilhoso. Faça, com isso, um mapa de reconhecimento do seu corpo. Comece pelos pontos fortes, veja o que você tem de mais bonito e decida mostrar essa parte com tudo o que puder. Olhe para o seu rosto com um pouco mais de paciência, não olhe apenas para as suas rugas ou para a sua sobrancelha que está por fazer, procure se lembrar do que a faz sorrir e traz brilho aos seus olhos. Levante o astral! Ame-se por inteira.

Depois, passe para os seus pontos fracos. Seja cuidadosa, não se julgue ou se puna porque está uns quilinhos acima do peso, ou porque suas pernas são finas demais e você pagou a academia e não apareceu ainda, não maltrate o seu busto e o seu colo. Pense em você com mais amor, saiba exatamente onde estão os pontos que você gostaria que ninguém visse e que os mudaria se pudesse.

Vá já para a frente do espelho e faça isso!

**FEZ?**

### A MAIOR ARMADILHA É VOCÊ!

Como já disse, somos todos humanos e erramos. Erramos todos os dias e a todo momento. Com a escolha das nossas roupas não seria diferente. Eu erro e já errei muito, se vocês querem saber.

Mas a postura que assumimos diante de um erro é que pode mudar tudo, transformando até uma armadilha em uma aliada.

E se começamos esse processo de aceitação do erro com a autoestima lá em cima, segura e confiante daquilo que somos e vestimos, já saímos na frente. Nesse caso, vale o ditado: *se a vida lhe der um limão, faça uma limonada bem gelada e refrescante.*

### ERROU? PACIÊNCIA!

Procure contornar a situação da melhor maneira possível, desculpe-se, saia de fininho, mas sempre de cabeça erguida, dando boas gargalhadas. É saudável rir de si mesmo; aliás, é mais do que saudável: é recomendável!

Siga as minhas dicas, fuja de todas as armadilhas, mas sobretudo seja amiga de si mesma. Ame-se, encha-se de confiança e de segurança para que você não se torne uma armadilha maior do que as armadilhas de escolhas erradas das quais tanto falamos durante todo o livro.

## AS ARMADILHAS DA MODA

→ AME-SE!

→ CUIDE-SE!

→ EXALE CONFIANÇA!

→ INSPIRE SEGURANÇA!

→ SEJA AUTÊNTICA!

→ SEJA INSPIRAÇÃO PARA OS OUTROS!

→ USE O QUE TE FAZ BEM!

→ USE O QUE TE FAZ FELIZ!

→ SEJA MODA, MAS ESTEJA SEMPRE ACIMA DA MODA!

*Conseguindo ultrapassar a armadilha que você pode ser, aí, sim, este livro será um ótimo norte para se orientar em relação ao seu estilo.*

# CRÉDITOS DOS LOOKS

*Look 1* - Maxi cardigan Alcaçuz; camisa C&A; calça Givy e scarpin Shoestock.

*Look 2* - Casaco It's & Co; vestido Dicollani; sandália Christian Louboutin; bolsa Chanel; joias Kalu Joias.

*Look 3* - Paletó Skazi; calça bordada Fabiana Milazzo; sandália Schutz; clutch Bottega Veneta; joias Kalu Joias; relógio Coach 1941.

*Look 4* - *Trench coat* Burberry; regata Letage; calça Loft 747; scarpin Mya-Haas; bolsa Chanel.

*Look 5* - Look total Lacoste; bolsa Christian Louboutin; mocassim Blue Bird Shoes.

*Look 6* - Jaqueta Silvia Ulson; shorts e camisa Iódice; sandália Mya-Haas; óculos Fendi para Safilo.

*Look 7* - Parka À La Garçonne; vestido e camiseta Letage; coturnos Cravo e Canela.

*Look 8* - Tricô Gloria Coelho; calça Coca-Cola Jeans; sandália Arezzo; bolsa Chanel.

*Look 9* - Macacão Handbook; blazer Letage; scarpin Jorge Alex; relógio coach 1941.

*Look 10* - Macaquinho e top de linho Isabella Fiorentino para Madeleine; bolsa Canal Concept; sandália Blue Bird Shoes; colar Cosmopolitan por Nadia Gimenez.

*Look 11* - Jaqueta Silvia Ulson; bata Isabella Fiorentino para Madeleine; calça Replay; scarpin Eleven Eleven.

*Look 12* - Camisa Skazi; *pantacourt* Ateliê de Calças; espadrilhe Via Mia; relógio Tommy Hilfiger; óculos Tom Ford para Avvistare.

*Look 13* - Camiseta arara Fatima Scofield; saia Fedra; sandália Santa Lolla; bolsa Parfois.

*Look 14* - Jaqueta Reinaldo Lourenço; camiseta Hering; saia Alexandre Herchcovitch; tênis Santa Lolla; mochila Dolce & Gabbana; joias Kalu Joias.

*Look 15* - Vestido usado como colete e calça Tufi Duek; camisa C&A; scarpin Arezzo.

*Look 16* - Vestido e clutch Fabiana Milazzo; joias Kalu Joias.

*Look 17* - Vestido Vila Fasano; sandália Schutz; joias Kalu Joias.

*Look 18* - Tricô Reinaldo Lourenço; saia Amissima; mule Not A Shoe.

# Bibliografia consultada

# LIVROS

---

BARONE, Vanessa. *Descomplique! – um guia de convivência e elegância*. São Paulo: LeYa, 2010.

BLASBERG, Derek. *Classy: conselhos de elegância para a mulher moderna*. Rio de Janeiro: BestSeller, 2014.

FELICETTI, Cinzia. *Vou às compras: um guia inteligente para um guarda-roupa perfeito*. Porto Alegre: L&PM: 2009.

FLEURY, Christiane; PRIORE, Hiluz Del. *Com que roupa? A roupa certa no lugar certo*. Rio de Janeiro: Casa da Palavra, 2012.

*Guia de estilo: o caminho mais rápido para um guarda-roupa perfeito*. São Paulo: Abril, 2012.

KELLY, Clinton; LONDON, Stacy. *Esquadrão da moda: um guia completo para descobrir o estilo ideal para o seu corpo*. São Paulo: Prestígio, 2006.

MEDINE, Leandra. *Man repeller: a divertida moda que espanta os homens*. Ribeirão Preto: Novo Conceito, 2014.

PASCOLATO, Constanza. *O essencial: o que você precisa saber para viver com mais estilo*. Rio de Janeiro: Sextante, 2013.

POWEL, Helena Frith. *A elegância e os segredos da mulher francesa: dois batons e um amante*. São Paulo: Prumo, 2008.

# SITES

https://elle.abril.com.br/moda/o-tule-dominou-os-looks-de-alta-costura-em-paris/

http://mayharanogueira.tumblr.com

https://www.sebrae.com.br/sites/PortalSebrae/artigos/moda-plus-size-explore-este-nicho-de-mercado,5e48088ec-0467410VgnVCM1000003b74010aRCRD

https://super.abril.com.br/comportamento/por-que-medidas-de-roupas-nao-sao-padronizadas/

https://jeitoconceito.blogspot.com.br/2014/09/padronagem-jeans.html

https://saga.art.br/pantone-em-2017/

Copyright © Arlindo Grund, 2017
Copyright © Editora Planeta do Brasil, 2017
Todos os direitos reservados.

*Organização de conteúdo:* Malu Poleti
*Preparação:* Thalita Ramalho
*Revisão:* Andréa Bruno e Olívia Tavares
*Projeto gráfico e diagramação:* Marcela Badolatto
*Capa:* Rafael Brum
*Fotos de miolo e capa:* Allan dos Louros
*Produção executiva:* Gabriela Montagner
*Edição de moda:* Fábio Paiva
*Styling:* Murilo Mahler
*Maquiagem:* Elthon Thadeu
*Modelo:* Flávia Martins
*Arlindo veste:* look total Gucci, anéis André Lasmar, pulseiras PH Diamonds, Antonio Bernardo e André Lasmar (capa). Cashmere Burberry, camisa e calça Alexandre Herchcovitch, botas Gucci, anéis e pulseiras André Lasmar (miolo).

CIP-BRASIL. CATALOGAÇÃO NA PUBLICAÇÃO
SINDICATO NACIONAL DOS EDITORES DE LIVROS, RJ

G936a

Grund, Arlindo

As armadilhas da moda: aprenda a evitá-las para ter o look perfeito em qualquer situação / Arlindo Grund. - 1. ed. - São Paulo: Planeta, 2017.

ISBN 978-85-422-1196-2

1.Moda. 2. Moda - Estilo. I. Título.

391.2                                               CDD: 391
                                                           CDU: 17-45293

2017
Todos os direitos desta edição reservados à
**EDITORA PLANETA DO BRASIL LTDA.**
Rua Padre João Manuel, 100 – 21º andar
Edifício Horsa II – Cerqueira César
01411-000 – São Paulo – SP
www.planetadelivros.com.br
atendimento@editoraplaneta.com.br

Este livro foi composto em Adobe Caslon Pro e Didot e impresso pela Intergraf para Editora Planeta do Brasil em novembro de 2017.